国家社科基金项目成果经管文库

Judgment of the Lewis Turning Point in Chinese Economy: Experience and Enlightenment

中国经济刘易斯转折的判断

经验与启示

王庆芳／著

中国财经出版传媒集团
经济科学出版社
Economic Science Press
·北京·

图书在版编目（CIP）数据

中国经济刘易斯转折的判断 ： 经验与启示 / 王庆芳著. -- 北京 ： 经济科学出版社，2024. 8. -- （国家社科基金项目成果经管文库）. -- ISBN 978 -7 -5218 -6005 -4

Ⅰ. F121

中国国家版本馆 CIP 数据核字第 20243E1699 号

责任编辑：梁含依　胡成洁
责任校对：孙　晨
责任印制：范　艳

中国经济刘易斯转折的判断：经验与启示
ZHONGGUO JINGJI LIUYISI ZHUANZHE DE PANDUAN：JINGYAN YU QISHI
王庆芳　著
经济科学出版社出版、发行　新华书店经销
社址：北京市海淀区阜成路甲 28 号　邮编：100142
经管中心电话：010 -88191335　发行部电话：010 -88191522
网址：www. esp. com. cn
电子邮箱：espcxy@ 126. com
天猫网店：经济科学出版社旗舰店
网址：http：//jjkxcbs. tmall. com
北京季蜂印刷有限公司印装
710 ×1000　16 开　10. 5 印张　200000 字
2024 年 8 月第 1 版　2024 年 8 月第 1 次印刷
ISBN 978 -7 -5218 -6005 -4　定价：48. 00 元

国家社科基金项目成果经管文库

出版说明

经济科学出版社自1983年建社以来一直重视集纳国内外优秀学术成果予以出版。诞生于改革开放发轫时期的经济科学出版社，天然地与改革开放脉搏相通，天然地具有密切关注经济领域前沿成果、倾心展示学界翘楚深刻思想的基因。

2018年恰逢改革开放40周年，40年中，我国不仅在经济建设领域取得了举世瞩目的成就，而且在经济学、管理学相关研究领域也有了长足发展。国家社会科学基金项目无疑在引领各学科向纵深研究方面起到重要作用。国家社会科学基金项目自1991年设立以来，不断征集、遴选优秀的前瞻性课题予以资助，经济科学出版社出版了其中经济学科相关的诸多成果，但这些成果过去仅以单行本出版发行，难见系统。为更加体系化地展示经济、管理学界多年来躬耕的成果，在改革开放40周年之际，我们推出“国家社科基金项目成果经管文库”，将组织一批国家社科基金经济类、管理类及其他相关或交叉学科的成果纳入，以期各成果相得益彰，蔚为大观，既有利于学科成果积累传承，又有利于研究者研读查考。

本文库中的图书将陆续与读者见面，欢迎相关领域研究者的成果在此文库中呈现，亦仰赖学界前辈、专家学者大力推荐，并敬请经济学界、管理学界给予我们批评、建议，帮助我们出好这套文库。

经济科学出版社经管编辑中心

2018年12月

本书为国家社会科学基金一般项目“中国经济刘易斯转折的判断与农村剩余劳动力转移问题研究”（项目编号：16BJL113）研究成果。

前言

Preface

20世纪50年代以后，新兴独立国家为了摆脱贫困，迫切寻求促进经济发展的建议。但是占据主流的新古典主义经济理论却无法对发展中国家的经济增长问题作出满意的解释。英国经济学家威廉·阿瑟·刘易斯（William Arthur Lewis，1954）提出从古典主义经济学中寻找答案。他基于古典经济学范式提出的二元经济模型，为理解发展中国家长期经济发展和高储蓄率、二元结构转换和剩余劳动力转移等问题提供了统一的分析框架，成为发展经济学领域最重要的理论成果之一。随后，费景汉和拉尼斯（Fei Jinghan and Ranis，1964）对刘易斯模型进行了改进，提升了模型的适用性和解释力。然而刘易斯基于古典经济范式提出的剩余劳动力和生存工资等概念受到了新古典经济学家的广泛质疑。直到20世纪80年代，在理论层面，发展经济学中的结构主义理论受到了新自由主义思潮的空前挑战。但是在实践层面，日本、韩国和我国台湾地区仍被公认为成功实现了刘易斯转折，这显示出二元经济理论强大的现实解释力。总体来看，由刘易斯开创与发展的二元经济理论虽然不乏争论，但仍是理解后发国家经济起飞的重要范式之一，也是发展中国家制定经济政策的重要理论依据。

中国作为人地关系紧张且改革开放初期劳动力高度集中于农业部门的经济体，二元经济理论一直受到经济学界的广泛关注。其中剩余劳动力与刘易斯转折作为二元经济理论的核心命题，剩余劳动力的数量与结构决定了农村与农业部门的非熟练劳动力供给的状况，刘易斯转折意味着二元经济转型的完成与经济发展模式及发展策略的转变。因此，农村剩余劳动力的估算和刘易斯转折的判断对于中国经济发展具有重要的政策含义。2007年前后，蔡昉及其团队最早提出中国已于2004年通过了刘易斯第一转折点。但是由于出现了农业部门劳动力剩余与非农部门非熟练劳动力短缺以及工资上涨并存的“悖论”，中国经济刘易斯转折的判断问题引发了广泛的争论。有学者甚至将此称为中国经济之“谜”（Knight et al.，2011）。经过近二十年的发展，非熟练劳动力的普遍短缺和工资上涨，预示着中国非熟练劳动力市场供求关系确实发生了逆转。同时，随着时间的推移，更多经验证据的出现和实证数据的丰富，为当前对中国经济刘易斯转折问题作出准确判断提供了良好的基础。本书基于刘易斯－费景汉－拉尼斯的两个转折点的理论模型，对中国经济的刘易斯转折问题进行研究。一方面，明确中国经济通过刘易斯第一转折区间的时间，以及当前所处的二元经济转型阶段，为充分挖掘农村剩余劳动力供给潜力、促进中国经济高质量可持续发展提供政策建议。另一方面，从中国经济刘易斯转折判断的经验中总结出二元经济转型过程的一般性和特殊性特征，为刘易斯转折判断问题提供实证经验的同时，进一步拓展和完善了二元经济理论框架。

本书的内容结构安排如下：第1章为转折点理论及其拓展。对刘易斯提出的一个转折点的模型、费景汉和拉尼斯提出的两个转折点的模型以及两个转折点重合的情形进行介绍。同时对古典主义和新古典主义关于零值剩余劳动力和生存工资假说的争论、农业部门剩余劳动力转移到城市的失业和非充分就业问题、工业部门工资提前上涨等问题进行分析。

第2章为中国经济刘易斯转折的理论与实证争论。首先，梳理中国经济刘易斯转折的理论适用性和特殊性，提出中国的大国经济特征和制度安排对中国经济刘易斯转折判断的影响。其次，对中国农业部门剩余劳动力与非农部门非熟练劳动力短缺和工资上涨并存的“悖论”，进行文献回顾。最后，对国内外学者关于中国经济刘易斯转折的实证争论进行梳理，总结出农村剩余劳动力的估算、Minami 标准、劳动力市场供求、工资上涨、工资差距和收入分配、东亚经验的比较等刘易斯转折的判断方法。

第 3 章和第 4 章是基于农村剩余劳动力的估算，对中国经济刘易斯转折的判断。首先，提出绝对剩余劳动力和相对剩余劳动力的概念和估算方法。然后，利用机器学习方法对 2010 ~ 2018 年全国农村剩余劳动力数量和比例进行估算。最后，对 2015 年分省和分区域的农村剩余劳动力数量和比例进行估算。研究发现，2018 年我国绝对剩余劳动力和相对剩余劳动力数量和比例都已经处于较低水平，这意味着农村剩余劳动力已经枯竭。同时发现，绝对剩余劳动力不等同于可以向非农部门转移的相对剩余劳动力，这为解释中国经济刘易斯转折的“悖论”提供了理论和实证依据。

第 5 章和第 6 章是基于 Minami 标准对中国经济刘易斯转折的判断。第 5 章利用超越对数生产函数和岭回归估计方法，对粳稻、小麦、玉米、大豆、油菜籽和棉花六种农产品的劳动产出弹性进行估算。第 6 章根据 Minami 标准，对中国经济刘易斯转折进行判断。结果表明，六种农产品在 2004 年前后都已经通过了劳动边际生产率为零或为负的阶段，而且 2019 年六种农产品的劳动边际生产率均低于农业部门工资水平。这表明中国经济在 2004 年前后已经到达刘易斯第一转折区间，但是目前尚未通过刘易斯第二转折点。

第 7 章是对中国城镇正规就业和非正规就业收入差距的实证检验。基于 Minami 标准四，利用 1997 ~ 2015 年“中国营养与健康调查”（The China Health and Nutrition Survey，CHNS）数据库，采用倾向得分匹配方法，对城镇正规就业与非正规就业的收入差距进行实证检验。结果表明，2004 ~ 2011 年城镇正规就业与非正规就业收入差距呈扩大趋势，2015 年二者的差距则呈缩小态势。这个结果支持了中国经济已经通过刘易斯第一转折区间的结论。

第 8 章是基于衍生标准的中国经济刘易斯转折的判断。基于刘易斯 - 费景汉 - 拉尼斯模型，笔者提出农业部门和非农部门劳动生产率差距、非农劳动力市场供求、收入分配的改善和东亚经济的比较四个衍生标准，对中国经济刘易斯转折进行判断。结果发现，

2004～2014年，农业部门和非农部门劳动生产率差距、农村劳动力转移速度、城市地区求人倍率、劳动收入份额、城乡收入差距和区域间经济差距都出现了较大变化，从而证明这两个时间点是通过刘易斯第一转折区间的重要时间节点。

第9章是对中国经济刘易斯转折的综合判断。笔者指出，对于中国经济刘易斯转折的判断，需要结合多种证据进行综合判断。首先，将第3章至第8章的主要研究结论进行汇总。然后，综合各种证据对中国经济的刘易斯第一转折和刘易斯第二转折进行判断。最后，对中国经济刘易斯转折的“悖论”进行解释。综合各种证据，本书判断，中国经济于2004年到达刘易斯第一转折区间，最晚于2014年完全通过了刘易斯第一转折区间。目前中国经济正处于两个转折点之间的阶段，尚未通过刘易斯第二转折点。

第10章给出建议与启示。首先，从继续挖掘剩余劳动力转移潜力、提高农业要素配置效率、促进劳动力高质量充分就业等方面，提出推动经济通过刘易斯第二转折点的政策建议。然后，基于中国经济刘易斯转折的判断及其与东亚经验的比较，提出中国经济刘易斯转折判断的经验与启示。最后，提出本书研究的不足之处和今后可能拓展的方向。

本书由王庆芳负责总体设计，并承担了除第7章以外其他章节的研究与写作工作，任璐璐承担了第7章的研究与写作工作。囿于笔者水平有限，书中难免有错误或疏漏之处，衷心希望各位朋友批评指正。

目　录

Contents

第1章　转折点理论及其拓展

1.1　刘易斯模型与一个转折点

1.1.1　模型假定

20世纪50年代，基于新古典经济学范式的新古典主义和凯恩斯主义占据了经济学的主流。但是在"如何解释一个国家在工业化时期表现出的超常的资本积累率，怎样提高发展中国家的储蓄率"这一经济发展的核心问题上，主流经济学未能给予准确的解答。刘易斯（Lewis，1954）提出在古典经济学中寻求答案。他在1954年发表的著名论文《无限劳动供给下的经济发展》（*Development with Unlimited Supplies of Labor*）的开篇中便指出这篇文章是按古典学派的传统写成的，作出古典学派的假设，并提出古典学派的问题。刘易斯认为，新古典主义包含的劳动稀缺性假设，不符合发展中国家的现实，也无法解释工业化国家超常的资本积累率。因此，他放弃了新古典主义的这一假设，采用古典主义"最低工资水平下的无限的劳动力供给"假设，提出二元经济结构模型，研究发展中国家的经济增长和经济发展问题。

1. 二元经济结构和农业部门剩余劳动力

刘易斯认为，发展中国家经济由生产方式存在本质区别的两个部门组成。一个是巨大但停滞的传统农业部门。这一部门缺乏资本、主要投入土地和劳动两种生产要素，技术进步缓慢，劳动生产率很低。由于土地的供给是固定的，而且人口众多，传统农业社会面临巨大的人口压力。为了维持生存，农业劳动力投入到尽量提高产出的水平，以至于劳动边际生产率会被压到极低，甚至为负。刘易斯把劳动边际生产率为零甚至为负的劳动力定义为剩余劳动力。另一个是比例虽小但是充满活力的现代城市工业部门。这一部门是由资本主义主导的以资本雇佣劳动，按照新古典主义的要素定价理论和利润最大化原则进行生产的部门。工业部门技术进步较快，劳动生产率远高于传统农业部门。

2. 农业部门生存工资假说与工业部门无限劳动供给

农业部门剩余劳动力的边际生产率为零，甚至为负，但是农业劳动力的实际工资水平显然不能为零。因此农业部门收入分配不能按照新古典主义的边际法则进行，而是由基于古典主义平均原则的生存工资（或制度工资）水平决定。农业部门劳动力工资由农业部门平均产出决定，① 工业部门只需要提供略高于农业部门生存工资的工资水平，就能吸引农业部门劳动力向工业部门转移，从而获得无限的劳动力供给。工业部门工资高于农业部门收入的差额，构成剩余劳动力从农业部门转移到工业部门的成本。刘易斯（1989）指出，在现实经济中，工业部门提供的工资一般高于农业部门的生存工资，二者差额约为30%。二者差值主要是为了弥补以下成本：一是城镇地区的生活费用一般高于农村地区；二是离开熟悉的生产生活环境，需要的心理补偿；三是非市场力量对工资的干预，比如工会组织对劳动者权益的保护、政府最低工资制度等。

3. 工业部门资本积累、农业部门剩余劳动力转移与经济增长

古典主义认为，利润是资本积累的来源。刘易斯接受这一假设，生存工资和无限的劳动力供给使得工业部门产出的分配有利于资本积累，因此在工业化阶段出现了持续较高的资本积累率。高资本积累率导致工业部门扩张，工业部门高于农业部门的工资差距提供的经济激励，吸引农业部门剩余劳动力到城市工业部门就业。由于农业部门剩余劳动力的边际生产率为零，甚至为负，剩余劳动力的转移在不减少农业产出的同时，增加了工业部门的产出，经济总产出将会增加。因此，工业部门资本积累、农业部门剩余劳动力转移与经济增长是同步进行的。工业部门资本积累和农业部门剩余劳动力转移（劳动力重新配置）成为经济发展的核心问题。

4. 刘易斯转折点和二元经济转型

只要农业部门存在剩余劳动力，工业部门就可以在不变的生存工资水平上

① 刘易斯（1954）指出，人们上千年生活在土地上，农业是生存的唯一来源，他们的主要任务就是生存而非效率，家庭成员共享农产品。

获得无限的劳动力供给。一旦农业剩余劳动力被吸收完毕，劳动和资本将成为一种稀缺的生产要素，工业部门的进一步扩张将拉动工资水平的上升。农业部门剩余劳动力消失、工业部门工资由水平不变到开始上涨的这一点，被称为刘易斯转折点。它在二元经济结构转型和经济发展过程中具有里程碑意义，标志着二元经济转型的完成。

1.1.2　一个转折点和两个阶段

刘易斯模型所描述的经济发展过程可以概括为一个转折点和两个发展阶段。如图 1－1 所示，横轴 OL 表示一个经济体的人口总量，并且假设这个经济体的所有人口均为劳动力。横轴由左至右表示工业部门雇用的劳动力数量，由右至左表示农业部门投入的劳动力数量。纵轴 OW 表示工业部门工资水平，纵轴 LQ 表示农业部门总产量。OW_0 表示农业部门工资水平，由农业部门人均产出水平决定。工业部门只需要提供略高于 OW_0 的工资 OW_1，就可以获得无限的劳动力供给，此时工业部门劳动供给曲线 W_1S 为水平线。工业部门工资按照利润最大化原则决定，劳动力需求满足 $MPL = OW_1$。K_1、K_2、K_3 表示工业部门资本量，D_1F、D_2G、D_3S 表示相对应的劳动边际生产率曲线，其中 $K_1 < K_2 < K_3$。假设初始状态工业部门的资本量为 K_1，总产出水平为 OD_1FL_1，雇佣劳动力数量为 OL_1，支付工资为 OW_1FL_1，利润量为 W_1D_1F。工业部门将利润用于资本积累，导致工业部门资本量增加至 K_2，劳动边际生产率曲线右移至 D_2G。此时工业部门总产出水平为 OD_2GL_2，雇佣劳动力数量为 OL_2，支付工资为 OW_1GL_2，利润量为 W_1D_2G。以此类推，随着工业部门的资本积累，工业部门的资本量逐渐从 K_1、K_2 增加到 K_3，工业部门雇用的劳动力数量从 OL_1、OL_2 增加到 OL_3。这一过程一直持续到 S 点结束。此时，农业部门剩余劳动力转移完毕，工业部门面临的劳动力供给曲线就会变成 SS′，如果工业部门资本量继续扩张，就要提高工资水平，与农业部门进行竞争。

按照刘易斯模型，经济发展过程可以划分为两个阶段。第一个阶段是工业部门劳动力无限供给阶段，即 W_1S 阶段。此时农业部门存在剩余劳动力，工业部门只需提供略高于农业部门生存工资的工资水平，就能吸引农业部门剩余劳动力向工业部门转移。第二阶段是工业部门劳动力相对短缺的阶段，即 SS′阶段。此时农业部门的剩余劳动力转移殆尽，农业部门劳动边际生产率开始增加，工业部门工资水平开始上涨。人们通常把连接第一阶段和第二阶段的交点，即 S 点称为“刘易斯转折点”（见图 1－1）。之后的学者们发现，一个发展中经济体的劳动力从无限供给到相对短缺，通常并不是在某一个时点瞬间完成的，而是需要数年甚至更长的时间。因此，又把劳动力从无限供给到相对短缺的这一发展阶段称为“刘易斯转折区间”（南亮进，2014；蔡昉和张车伟，2015）。

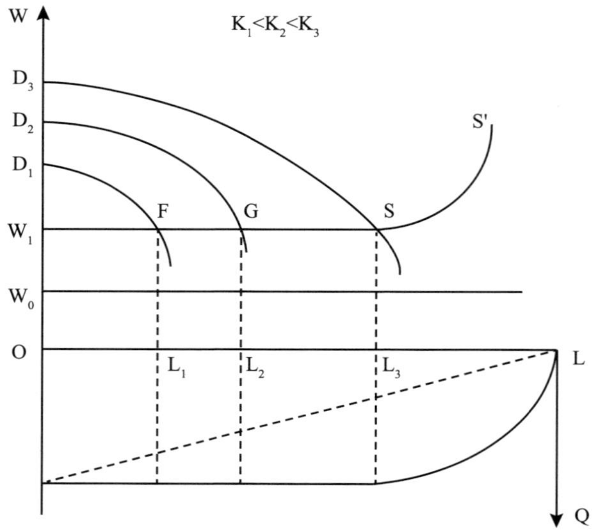

图 1－1　刘易斯模型与刘易斯转折点

1.1.3　刘易斯模型的局限性和拓展

刘易斯模型描述了发展中经济体从二元经济向一元经济转型的过程，对当代发展经济学和发展中国家的经济发展都产生了重大影响。但是由于基于古典主义范式的假设和模型设定较为简单，因此受到了广泛的批评。之后的学者对于刘易斯模型进行了改进和拓展，刘易斯本人也在 1958 年、1972 年和 1979 年多次发文，对相关质疑进行了解释。

1. 零值剩余劳动力和生存工资假说

刘易斯基于古典主义范式提出的农业部门剩余劳动力和生存工资假说，是工业部门无限劳动力供给的理论基础。但是这些概念并没有得到完全的赞同，遵循新古典传统的经济发展分析否认剩余劳动力和生存工资的存在。以西奥多·舒尔茨（Theodore W. Schultz，1968）为代表的新古典经济学者认为，即使在传统农业社会，劳动力市场依然是有效的：如果工资高于劳动边际生产率，工资会降低，直至等于劳动边际生产率为止，因此农业生产者不可能雇用劳动生产率低于工资水平的劳动力（Jorgenson，1961、1967；Rosenzweig，1980；Bauer，1956）。古斯塔夫·拉尼斯（Gustav Ranis，2004）指出，刘易斯的理论不为盎格鲁-撒克逊传统的主流经济学所接受，要害在于其关于工资不是由供求关系内生决定，而是由于人口高度密集的特征，根据特定的制度安排外生决定的观点。

新古典经济学者的质疑促进了剩余劳动力和生存工资概念的发展。一方面，阿马蒂亚·森（Amartya Sen，1966、1967）明确区分了劳动时间与劳动数量。传统农业部门存在就业不充分的情况，当一部分劳动力从农业部门转出后，其余劳动力可以通过增加劳动时长而保持总劳动时间不变，从而使农业总产出维持不变，因此边际贡献为正的劳动时间与就劳动数量而言的剩余劳动力概念并不相悖。刘易斯（1979）后来也指出，自己提出的是“每人的边际产品”，而不是“每人每小时的边际产品”。刘易斯指出，在许多国家，市场上挤满了小商人（手工业与此类似），他们并不像其所希望的那样忙碌。如果其中 10% 的人离开，交易额依旧不变，因为留下来的人将做更多的交易。这就是说，这个行业的边际产品为零。[①] 另一方面，刘易斯（1972）放宽了无限劳动供给的前提，认为即使不考虑是否存在剩余劳动力的情形，发展中国家的工业部门只要在现行的不变的工资水平上，劳动的供给大于需求，那么这一经济就满足无限劳动供给的条件。

2. 农业部门剩余劳动力转移到城市的失业和非充分就业问题

传统农业部门存在剩余劳动力，现代工业部门则是充分就业，是刘易斯模型建立的基础之一。但是在发展中国家二元结构转换的过程中，城市部门中存在着普遍的失业和非充分就业现象。刘易斯（1968）对发展中国家的城市就业人口供给超过需求的原因进行了说明：一是城市部门工资与乡村地区收入差距的拉大；二是乡村教育的加速发展（主要是非洲）使得青年人的进城需求更加迫切；三是城市的发展机会和福利水平使得城市地区更有吸引力。迈克尔·托达罗（Michael P. Todaro，1969）则试图从市场供求的角度对此进行解释。托达罗指出，发展中国家城市部门的劳动力市场是不完备的，即城市存在失业，劳动力市场没有出清。此时城市部门工资由制度工资来保障，即使在人

① ［美］阿瑟·刘易斯：《二元经济论》，北京经济学院出版社 1989 年版，第 105 页。

们从农村向城市转移而存在大量失业的情况下，行业工会的压力、较高的最低工资和跨国公司高工资政策等因素的结合，依然将制度工资保持在高于市场出清的工资水平上。与此同时，发展中国家的政府通过利率补贴、税收优惠政策和其他投资激励等措施，使资本的价格下降到真实成本以下。过高估价的劳动力与过低估价的资本带来的结果是资本密集型而不是劳动密集型技术的广泛使用。

历史经验表明，托达罗的观察在没有完成二元经济转型的发展中国家似乎是适用的，但是对于公认的成功跨越二元经济阶段的日本、韩国和中国台湾等经济体并不适用。关键在于在经济发展初期能否利用劳动力丰裕而资本短缺的比较优势，发展适合本国国情的劳动密集型产业，并随着生产要素比较优势的变化及时调整发展战略，实现经济发展动能的转换，从而促进长期经济增长。我国的农村劳动力转移到城镇地区并没有出现大规模失业问题，但普遍的非正规就业和非充分就业现象引发了各界的广泛关注。

3. 工业部门工资提前上涨的问题

按照刘易斯模型，在经济发展初期，农业部门工资取决于人均产出水平决定的生存工资。工业部门只需要提供略高于农业部门生存工资的工资水平，就能获得无限的劳动力供给。当经济通过刘易斯转折点之后，农业部门劳动力的继续转移会降低农业部门的产出水平，导致农产品价格上涨，使得以工业品计价的工业部门工资开始上涨，工业部门劳动力由无限供给转变为有限供给。在这一过程中，导致工业部门工资上涨的因素大致可以分为三种情况：一是农业部门生存工资上涨的推动；二是剩余劳动力从农业部门到城市部门的转移成本的上涨；三是工业部门工资高于市场出清水平导致的高工资。如果这三种情况导致的工业部门工资上涨发生在通过刘易斯转折点之后，那么经济就可以顺利完成二元结构转型。但是如果发生在刘易斯转折点之前，那么就将出现农业部门剩余劳动力和工业部门工资上涨的情况并存，即工业部门工资提前上涨的情形，可能会提前中断二元结构转型过程。对于第二种情况的讨论主要集中于中国刘易斯转折的判断问题。刘易斯（1954）针对第一种情况和第三种情况进行了讨论，分析了可能导致农业部门生存工资提前上涨的原因。

第一，农业部门劳动力数量的绝对减少。如果农业部门劳动力的转出导致农业劳动力绝对数量的下降，比如工业部门吸收劳动力的速度太快或人口结构的快速转变，导致农业部门的新增劳动力数量低于转出的劳动力数量，那么在农业总产出不变的情况下，农业部门人均产出就会增加，使得农业部门生存工资水平上涨。第二，农业部门劳动生产率的提高。任何提高农业部门劳动生产率的事情，比如使用新技术、新种子或施用化肥、增加农业资本投资如灌溉工程等，都将提高工业部门实际工资水平，从而减少资本家获得的剩余和资本积累率。第三，工业部门贸易条件的恶化。工业部门规模的扩大可能增加对食品的需求，从而提高用工业品表示的食品价格，使得工农业部门贸易条件变得不利于工业部门。这样就迫使资本家把更多部门的产品支付给工人，以便维持工人的实际收入不变。第四，其他外部力量的影响。除了经济因素以外，还有一些因素会导致实际工资的提前上涨。比如工人联合工会向资本家施压以提高工资待遇；政府通过提高最低工资标准、严格执行劳动法律法规等方式，对劳动力市场进行干预等。

刘易斯认为，以上四种原因中，工业部门贸易条件的恶化是最可能导致实际工资提前上涨的原因。结合导致工业部门工资提前上涨的第二个原因，他进一步提出农业部门劳动生产率提高导致的“两难”问题。一方面，工业部门的扩张导致对食品需求的增加，如果不能增加农产品产出，那么会导致工业部门工资的上涨。另一方面，提高农业部门劳动生产率带来的农业部门人均产出水平的增加也会导致工业部门工资的上涨。为了解决这一问题，刘易斯指出，如果不希望价格下降和生产率提高同样快（因此需求在增加），那么资本家下一步最好的行动就是阻止农民得到所有的额外产品，[①] 比如日本提高农民税收和加重地租等。这也是后来者批评刘易斯的理论不重视农业部门发展的原因之一。

针对以上原因，其他学者也提出了一些改进方法。比如，在自耕农制度下，农产品剩余由农户所得，即使在存在剩余劳动力的情况下，只要农户家庭人口数量下降或农业劳动生产率提升，就会导致人均产出水平的增加，从而提高农业部门生存工资水平。对此，拉尼斯（1997）、伍山林（2008）提出放松无限供给的劳动供给曲线的假设，即工业部门劳动供给曲线在第一阶段不是水平不变的，而是伴随着生存工资的上升，呈现缓慢上涨或分段上涨的态势。南亮进（Minami，1968）、胡景北（1997、2015）进一步提出，将工业部门劳动力工资加速上涨作为判断通过刘易斯转折点的条件。从日本和韩国等国家的二元经济转型的实践来看，第一阶段生存工资是水平不变、缓慢上涨还是分段上涨，并不影响刘易斯转折的判断，关键是配合其他判断标准，找到工业部门非

---

① ［美］阿瑟·刘易斯：《二元经济论》，北京经济学院出版社 1989 年版，第 31 页。

熟练劳动力[①]市场供求发生实质变化的点。对刘易斯模型最重要的改进工作是由费景汉和拉尼斯（1964）完成的。他们的主要贡献在于对农业部门和工业部门两个部门关系的讨论，尤其是对农业部门劳动生产率提升在二元经济转型中作用的考察。

1.2 费景汉－拉尼斯模型与两个转折点

1.2.1 模型假定的改进

刘易斯模型为理解发展中国家二元结构转型和经济增长提供了重要的理论指导。但是由于模型假设过于简单，刘易斯模型受到了广泛的批评。20 世纪 70 年代，费景汉和拉尼斯对刘易斯模型进行了拓展，提高了模型的适应性和解释力。

1. 剩余劳动力和不变的制度工资假说

费景汉和拉尼斯（1964）接受了刘易斯模型劳动力无限供给的假定，并对剩余劳动力进行了重新定义。他们将剩余劳动力分为两部分：一部分是农业部门劳动边际生产率等于零或为负的部分，称为“剩余或冗余劳动力”（为了便于区分，下文统称为“冗余劳动力”）；另一部分是劳动边际生产率大于零但是小于生存工资的部分，称为“隐蔽性失业”。费景汉和拉尼斯认为，冗余劳动力不能对农业产出作出生产性贡献，但是却在消费农业产出，因此二元经济转型的关键在于把剩余的和“寄生的”这部分劳动力重新配置到他们能对总产出作出积极贡献的就业岗位上去。此外，费景汉－拉尼斯模型明确指出农业部门生存工资是由农业部门劳动平均产出决定的，并主张从制度性力量出发寻找农业工资的决定因素。诸如土地占有制，延展型家庭结构，关于一种给定的社会对个人福利承担义务方面的社会一致意见……决定不发达经济农业部门收入分配的种种习俗和联系的整个非经济关系占据着支配地位。[②] 他们假定存在一种等于初始平均劳动生产率的制度决定着生存工资水平，称为“不变的制

---

① 刘易斯模型所设想的两个部门所雇用的劳动力是非熟练劳动力（Minami，1968）。刘易斯（1954）指出，熟练劳动力，从瓦匠、电工或焊接工到工程师、生物学家和管理人员，同资本或土地一样，在任何时候都是稀缺的。

② ［美］费景汉、古斯塔夫·拉尼斯：《劳动剩余经济的发展——理论与政策》，经济科学出版社 1992 年版，第 17 页。

度工资”（Constant Institutional Wage，CIW）假说。

2. 农业剩余和两部门关系的假定

为了避免出现工业部门工资过早上涨的情形，费景汉－拉尼斯模型提出了农业剩余的概念，并且对农业部门和工业部门的关系进行了修正。如图 1－2 所示，当 O_uX 数量的剩余劳动力离开农业部门转移到工业部门之后，由 CIW 假说决定的生存工资不变。此时，O_rX 数量的劳动力生产出了 XZ 数量的农业产出。假设农业劳动者的收入全部用于消费，则 O_rX 数量的农业劳动力所消费的农产品数量为 XY，那么就会出现 YZ 数量的农业剩余，即代表着农业总产出超过仍留在农业部门的劳动力消费需求的部分。此时，“谁拥有已生产的”农业剩余和农业剩余的用处成为问题的关键。一方面，如果农业劳动者拥有农业剩余，并且将农业剩余用于已转移剩余劳动力的消费，那么相当于剩余劳动者携带一束等同于生存工资的农业消费品去工业部门就业，并在工业部门创造了新产出，从而促进了经济增长。另一方面，如果地主、企业家或政府拥有农业剩余，那么说明被释放出的劳动力没有随身“携带”自己那部分被释放出的消费品，就必须做出一些制度性安排，以便实现这种必要的转移。① 比如通过经济激励或制定公共政策，将农业剩余输送到工业部门；又比如农业企业家也是工业生产者，那么农业剩余就可以直接投入工业部门用于资本积累。

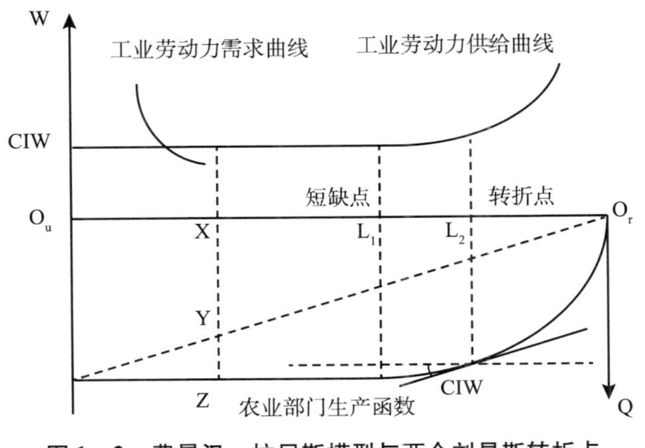

图 1－2　费景汉－拉尼斯模型与两个刘易斯转折点

资料来源：姚洋：《发展经济学（第二版）》，北京大学出版社 2019 年版，第 106 页。

---

① ［美］费景汉、古斯塔夫·拉尼斯：《劳动剩余经济的发展——理论与政策》，经济科学出版社 1992 年版，第 21 页。

总之，在费景汉－拉尼斯模型中，农业部门不仅为工业部门提供剩余劳动力，还提供用于工业部门劳动力农业消费或资本积累的农业剩余，因此农业部门为工业部门扩张作出了更为重要的贡献。

3. 农业部门劳动生产率提升的作用

根据费景汉－拉尼斯模型，当冗余劳动力转移完毕后，农业部门劳动力的继续转移将导致农业部门的产量下降。在人均农产品消费量不变的情况下，农产品将出现短缺，导致农产品价格和以工业品计价的工业部门工资开始上涨，这可能导致剩余劳动力的转移过程提前终止。此时，根本问题在于一个社会如何对付短缺点威胁的到来。即，它是否可以寻找一条道路，以便越过食品短缺造成停止威胁的那个点，使劳动重新配置过程继续进行。① 对此，费景汉和拉尼斯提出了另外一种假设：如果农业部门劳动生产率在冗余劳动力转移完成之前便得到提升，那么经济就不会出现农产品短缺点。在此基础上，费景汉和拉尼斯提出了两部门平衡增长模型，说明了农业部门劳动生产率提升对于二元经济转型的积极作用。

1.2.2 两个转折点和三个阶段

费景汉和拉尼斯的二元经济思想可以概括为两个转折点和三个阶段。图1－2展示了人口既定且农业劳动生产率不变情况下的二元经济转型过程。横轴 O_uO_r 表示劳动力总量，由左至右表示工业部门雇佣的劳动力数量，由右至左表示农业部门投入的劳动力数量。纵轴 O_uW 和 O_rQ 分别表示工业部门工资和农业部门产量。CIW 表示不变的制度工资。

第一阶段：农业部门劳动边际生产率等于零（MPL＝0）。此时剩余劳动力的转移不会对农业部门产出产生影响。假定初始状态转移到工业部门的劳动力数量为 O_uX，农业总产出 XZ 和农业部门劳动力 O_rX 所消费的农产品数量 XY 之间会出现一个 YZ 数量的农业剩余。在这一阶段，如果能够使农业转移剩余劳动力将自己消费的那部分农产品从农村带到城市，那么平均农业剩余（YZ 除以 O_uX）就等于 CIW，这样便能保证工业部门工资能够在生存工资水平上，获得无限的劳动力供给。向工业部门再配置的农业部门劳动力数量 O_uX 和农

① ［美］费景汉、古斯塔夫·拉尼斯：《劳动剩余经济的发展——理论与政策》，经济科学出版社1992年版，第165页。

业剩余 YZ 共同构成了农业部门对工业部门扩张所作出的贡献。

第二阶段：农业部门劳动边际生产率大于零小于制度工资（$0 < MPL < CIW$）。当 $O_u L_1$ 数量的冗余劳动力转移完毕后，农业部门劳动边际生产率水平开始大于零，意味着剩余劳动力的继续转移将导致农业部门产出的下降。在人均农产品消费量不变的情况下，农产品开始出现短缺。费景汉和拉尼斯将农业部门劳动边际生产率开始大于零的这个点，即 L_1，称为（农产品）“短缺点”。此时，农业部门已经不能按照 CIW 的工资水平为工业部门提供农产品，工业部门的劳动供给曲线由水平状态转为向右上方倾斜。在这一阶段，由于农产品短缺导致的以工业品计价的工业部门工资上涨，可能提前终止剩余劳动力的转移过程。

第三阶段：农业部门劳动边际生产率大于制度工资（$MPL > CIW$）。在经济进入第二阶段后，$L_1 L_2$ 数量的隐蔽性失业在两个部门进行再配置，直到农业部门劳动边际生产率等于 CIW，之后经济进入第三阶段。在这一阶段，两部门工资由 CIW 决定的原则不再适用，农业部门工资由市场供求决定，随着农业劳动边际生产率的提高而上升。此时，农业部门的古典经济特征消失，二元经济转变为一元经济，整个经济进入新古典发展模式。其中，农业部门劳动边际产品开始大于 CIW、隐蔽性失业消失的点，即 L_2，被称为“商业化点”。

费景汉－拉尼斯模型还探讨了人口增长与工资上涨的关系。如果人口（或劳动力）增长速度较快，使得在进入第二阶段之前的剩余劳动力数量增加，那么就会延长工业部门劳动力无限供给的时间，从而推迟由劳动力转移导致的工资上升。因此，只有在劳动力转移速度超过人口增长速度的情况下，经济才可能永远摆脱马尔萨斯阶段（Malthusian Phase），进入第二阶段的增长。

1.2.3　两个转折点重合的情形

费景汉－拉尼斯模型另一个重要的理论贡献是提出两部门平衡增长模型，将农业部门劳动生产率提升融入二元经济转型过程。如图 1－2 所示，经济进入第二阶段后的农产品短缺导致的工业部门工资上涨，可能提前终止剩余劳动力转移过程。对此，费景汉和拉尼斯提出，如果农业部门劳动生产率在第二阶段甚至更早阶段得到提升，短缺点和商业化点的位置将分别右移和左移。如果恰好使得短缺点和商业化点重合，那么第二阶段将会消失，经济将顺利进入第三阶段。费景汉和拉尼斯的这一思想可以用图 1－3 说明。

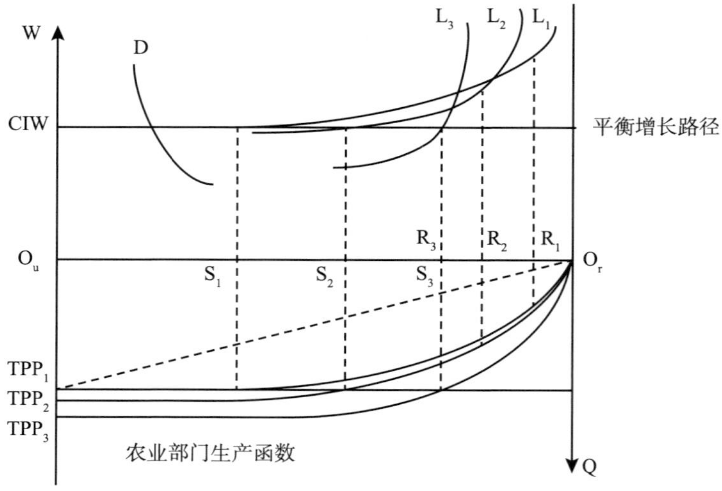

图 1－3　费景汉－拉尼斯模型中两个转折点重合的情形

资料来源：［美］费景汉、古斯塔夫·拉尼斯：《劳动剩余经济的发展——理论与政策》，经济科学出版社 1992 年版，第 166 页。

如图 1－3 所示，在初始状态，由农业部门生产函数 TPP_1 和工业部门不变的制度工资 CIW 决定的短缺点和商品化点分别为 S_1 和 R_1，对应的工业部门劳动力供给曲线为 L_1。假设农业劳动生产率的提升导致农业部门总产出增加，农业部门生产函数将向下移动，比如，由 TPP_1 移动到 TPP_2。此时农业部门工资依然由不变的制度工资 CIW 决定，农产品短缺点将会从 S_1 右移到 S_2。同时，农业部门生产函数的下移意味着农业部门劳动边际生产率将更快地达到等于 CIW 的点，即商品化点将会从 R_1 左移到 R_2。农业部门劳动生产率的提升将对工业部门劳动供给曲线产生两方面的效应。一方面，在短缺点之前，农业部门产量的增加使得农业部门的贸易条件受到抑制。由于支付给工业部门工人的实际工资由以农产品表示的不变制度性工资（CIW）决定，这意味着以工业品表示的工业部门工资将会下降，即工业部门劳动力供给曲线将向下移动。另一方面，农业部门劳动边际生产率的增加使得通过商业化点之后的农业部门的实际工资增加。在竞争性劳动力市场下，工业部门实际工资与农业部门实际工资相等，因此，工业部门的劳动供给曲线在通过商业化点之后会更加陡峭。二者共同效应的结果导致工业部门供给曲线由 L_1 移动到 L_2。

根据以上分析，随着农业部门劳动生产率的提高，农业部门生产函数依次经历 TPP_1、TPP_2、TPP_3，工业部门劳动供给曲线依次经过 L_1、L_2、L_3。短缺点向右移动，依次经历 S_1、S_2、S_3，商业化点向左移动，依次经过 R_1、R_2、

R_3，并且最终在 S_3 和 R_3 处重合。此时，费景汉－拉尼斯模型中的第二阶段消失，二元经济过程又重新描绘为两个阶段和一个转折点的状态。但是与初始的刘易斯模型不同的是，此时的转折点处，农业部门劳动边际生产率不是“由零（或负）转正”的点，而是农业部门劳动边际生产率等于 CIW、农业部门和工业部门劳动边际生产率相等的点。

费景汉－拉尼斯的平衡增长模型说明，如果能够合当地提高农业部门劳动生产率，那么经济将会更加平稳地完成二元经济转型。同时也可以说明，即使农业部门劳动生产率的提高不能恰好使得两个转折点重合，比如两个转折点可能分别为 S_2 和 R_2，此时，费景汉－拉尼斯模型依然是成立的。关键在于通过工业部门工资上涨与农业部门劳动边际生产率的关系，判断与之相适应的是哪种转折点模型。

1.3　小　　结

由刘易斯开创与发展的二元经济理论虽然不乏争议，但是由于对发展中国家经济转型过程的强大解释力，以及成功应用于指导日本、韩国等地区的经济发展的实践，仍然是理解后发国家经济起飞的重要范式之一。其中，作为区分经济发展阶段的标志，刘易斯转折点的判断对于制定经济政策、指导经济实践具有重要的理论意义。本章主要介绍了初始的一个转折点的刘易斯模型和由费景汉和拉尼斯拓展的两个转折点的模型，同时对刘易斯模型的局限性和相关拓展进行了分析。对工业部门工资提前上涨的问题和两个转折点重合情况的分析表明，第一阶段工业部门工资无论是水平不变、缓慢增长还是分段上涨，抑或是农业部门劳动生产率的提升，都不会对刘易斯转折的判断产生影响。如果工业部门工资上涨（或加速上涨）的点恰好对应了农业劳动边际生产率由零（或负）转正或小于生存工资水平，那么此时经过的是短缺点，同时说明经济需要通过两个刘易斯转折点。如果工业部门工资上涨（或加速上涨）的点恰好对应了农业部门劳动边际生产率等于农业部门工资，那么此时经过的是商品化点，即经济出现了费景汉和拉尼斯描绘的两个转折点重合的情形。从已有的实证经验来看，中国经济将经过两个刘易斯转折点，而日本和韩国则是实现了两个部门的平衡增长。本书的研究目的在对于中国经济通过两个刘易斯转折点的时间进行判断，因此使用费景汉和拉尼斯提出的三个阶段和两个转折点的模型，并且根据工业部门（或农业部门）工资开始上涨时，农业劳动边际生产率的大小，判断适用的模型类型。为了方便起见，本书在接下来的论述中，将所使用的理论模型统称为刘易斯－费景汉－拉尼斯模型，将短缺点和商业化点分别称为刘易斯第一转折点和刘易斯第二转折点，将农业部门和工业部门分别称为农业部门和非农部门。

第 2 章　中国经济刘易斯转折的理论与实证争论

2.1　中国经济刘易斯转折的理论适用性

现实经济特征与理论假设相符，是理论应用于现实经济分析的前提。刘易斯 – 费景汉 – 拉尼斯模型对二元经济结构的描述包括以下要点：一是存在生产方式差异巨大的现代工业部门和传统农业部门；二是传统农业部门存在大量边际产出为零甚至为负的剩余劳动力；三是传统农业部门工资由生存水平决定；四是剩余劳动力由农业部门向非农部门的再配置为经济增长提供动力。本节从改革开放以来中国经济发展的典型特征出发，分析转折点理论对中国经济的适用性。

第一，中国经济具有典型的二元结构特征。刘易斯（1989）将维持生存部门和资本主义部门的关系形容为“维持生计的工人的汪洋大海包围着的”多个“扩大资本主义雇佣的‘孤岛’”。[①] 改革开放初期，我国广大的农村地区和生产率低下的农业部门，以及零散的城镇地区和具备资本化生产方式的工业部门，共同构成了典型的二元经济结构。一方面，新中国成立之后的重工业优先发展战略为改革开放初期的中国搭建起完整的工业体系。另一方面，由于农产品价格长期偏低和城乡分割的户籍管理制度，农业生产部门生产率低下，大量剩余劳动力集聚在农村地区。改革开放初期，我国 75% 以上的人口和 70% 左右的劳动力集聚在农村地区。

第二，非熟练劳动力工资水平长期保持不变或缓慢增长。笔者用三种粮食作物平均家庭用工折价、农民工工资和农村居民人均可支配收入分别代表农业

① ［美］阿瑟・刘易斯：《二元经济论》，北京经济学院出版社 1989 年版，第 8 页。

部门工资、非农部门工资和农村家庭人均收入。如图 2－1 所示，20 世纪 80 年代至 20 世纪 90 年代，非熟练劳动力工资长期保持基本不变，表明在改革开放之后的一段时间内，农业部门工资符合刘易斯模型描述的长期不变或缓慢上涨的特征。2000 年之后，各项指标开始进入上涨区间。其中农民工工资于 2004 年最先开始进入加速上涨阶段，这也是学术界争论的首次出现刘易斯转折的时间点。农业部门家庭用工折价和农村居民可支配收入则是在 2008 年之后出现加速上涨趋势。

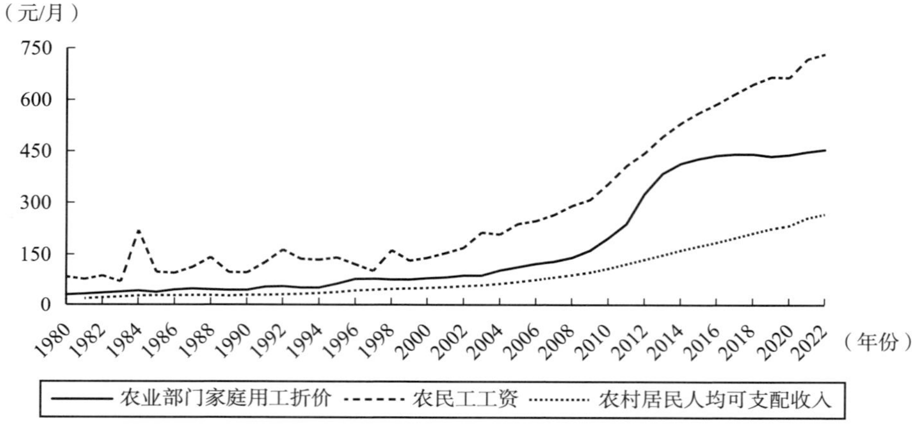

图 2－1 1980～2022 年农村居民人均收入和家庭用工折价

注：为了消除价格因素影响，以 1980 年为基期，采用农村居民消费价格指数对指标进行平减。

资料来源：农业部门家庭用工折价来自《全国农产品成本收益汇编资料》；农村居民人均收入数据来自《中国统计年鉴》；1980～2007 年农民工工资数据来自卢峰（2012）、2008～2022 年数据来自国家统计局发布的《农民工监测调查报告》。

第三，农业劳动力转移与非农部门扩张具有同步性。劳动力跨部门再配置是中国经济增长的重要源泉之一（蔡昉，2017）。如图 2－2 所示，我国第一产业就业人员数量从 1994 年开始进入下降区间，并从 2002 年开始，下降速度明显加快。在此期间，第二产业就业数量基本保持上升趋势，直到 2012 年第二产业数量达到峰值，此后进入下降区间。2011 年，第三产业就业数量超过第一产业，成为吸纳农业转移劳动力的主要部门。改革开放以来，中国经济经历了由以农业为主导向工业化转型，然后以工业化为主导向服务化转型的过程。部分学者指出，在 2012 年前后，经济尚未完全通过刘易斯转折区间的阶段，第二产业就业和产值占比的快速下降，可能引发由于未能充分挖掘生产率增长潜力，而导致过早“去工业化”的问题（蔡昉，2021；白雪洁等，2023）。

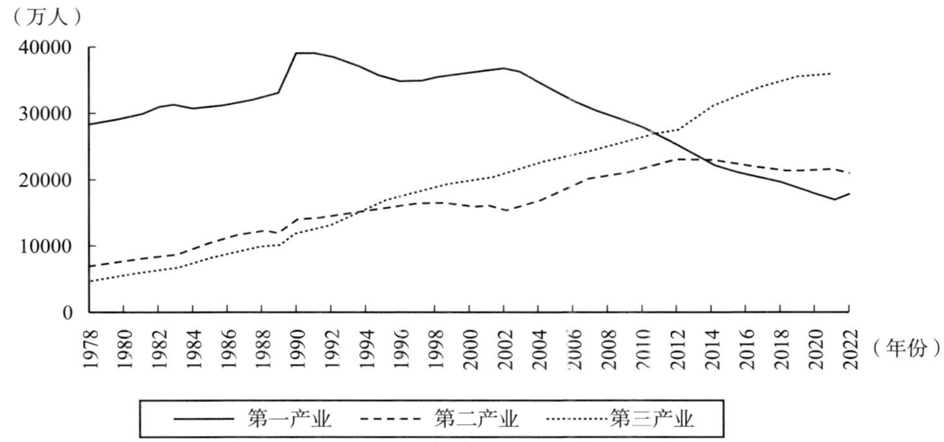

图 2－2　1978～2022 年三次产业就业人员数量

注：（1）1990 年全国就业人员统计增加了“未统计就业”的部分，因此就业人员总量出现激增；（2）未统计就业＝城镇就业人员－城镇单位就业－私营企业就业－个体企业就业。

资料来源：历年《中国统计年鉴》。

第四，劳动力市场表现出由无限供给到有限供给的特征。从 2004 年东南沿海地区出现“民工荒”，到 2010 年前后出现全国范围内的“用工荒”，表明中国非熟练劳动力市场出现了明显的由无限供给到有限供给的变动过程。如图 2－3 所示，2002 年以来，农民工数量总体呈上升趋势，但是增长速度发生了较大的转变。2003～2012 年，农民工数量年均增长约 980 万人，2013～2022 年，农民工年均增量下降至 330 万人。农民工平均年龄从 2008 年的 34 岁上升

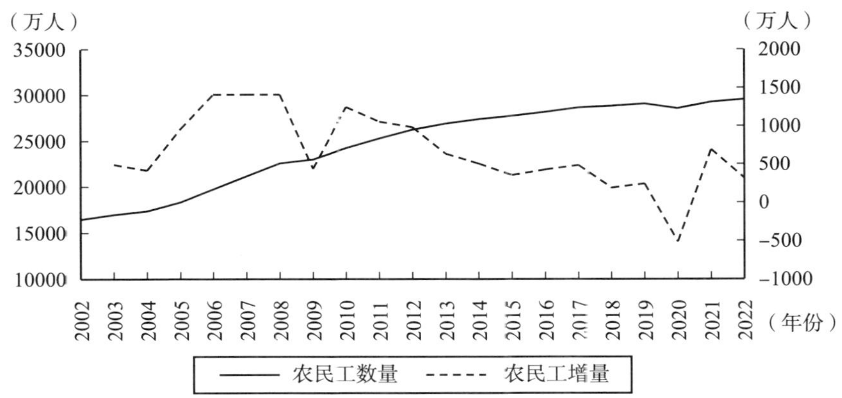

图 2－3　2002～2022 年农民工数量及其增量

资料来源：2002～2007 年农民工数据来自盛来运（2008）、2008～2022 年数据来自国家统计局发布的《农民工监测调查报告》。

到2022年的42.3岁。40岁及以下农民工占比从2010年的65.9%下降到2022年的47%。2011年开始，省内流动农民工的数量和增速都超过了跨省流动农民工。这些证据表明农民工总量和结构都发生了重要变化，农民工无限供给的时代已经结束。

2.2 中国经济刘易斯转折的特殊性

经济发展的典型特征表明，将转折点理论应用于中国经济发展的分析是适用的。但是理论模型是对现实的高度抽象，不可能与经济现实一一对应。同时由于中国的经济特征和制度安排，即使与公认的已经通过刘易斯转折的日本、韩国和中国台湾等经济体相比，中国经济的刘易斯转折也表现出一定的特殊性。

第一，集体所有制下的自耕农制度。费景汉和拉尼斯（1992）对不同土地所有制下，农业剩余的所有权问题进行了分析。在自耕农制度下，农业剩余归农民所有，非举家搬迁的农业劳动力转出后，依然可以获得农业收入，正好契合费景汉和拉尼斯（1992）表述的“释放出的劳动力‘携带’自己的那部分被释放的消费品进入资本主义部门”的情形。[①] 剩余劳动力获得农业剩余，可以降低农业转出劳动力的机会成本，为工业部门保持低水平工资提供了制度保障。但是，随着农业劳动力的逐渐流出并获得城镇户口，继续从事农业生产的劳动力获得的农业平均收益增加，会使得农业部门生存工资上涨，因此，在刘易斯第一转折点到达之前的阶段，非熟练劳动力的工资可能呈上升状态（伍山林，2008；胡景北，1997、2015）。此外，自耕农制度还导致农户耕地面积的变化滞后于生产要素价格的变化，农户劳动边际生产率较低，影响了农业生产要素的再配置和劳动生产率的提高。这可能是我国工业部门率先出现通过刘易斯第一转折点的经济特征，但是与通过刘易斯转折的国家和地区相比，我国农业生产结构并未出现根本性变化的原因之一（南亮进，2014）。[②]

① ［美］费景汉、古斯塔夫·拉尼斯：《劳动剩余经济的发展——理论与政策》，经济科学出版社1992年版，第21页。

② 中国长期以来实施的城市偏向的政策取向，也是造成农业生产效率依然低下、农业收入无法增长的原因之一（吴垠，2020）。

第二，户籍制度。刘易斯模型以自由流动的劳动力市场为前提，非熟练劳动力为了谋求更高的工资或更好的公共服务，在不同部门、产业和地区之间自由流动，并获得均等化工资。但是在我国城乡分割的户籍制度安排下，劳动力流动是不充分的。首先，分割性劳动力市场导致农业劳动力转移的机会成本不同，使得农业劳动力过程中转移出现明显的“自选择性”。经济发展初期，人力资本水平较高和交通通信便捷地区的劳动力率先实现转移，随着工业部门扩张，继续吸引农业劳动力转移的机会成本不断增加（丁守海等，2011）。其次，城乡分割的户籍制度安排导致农业转移劳动力“候鸟式”的流动方式，不仅增加了劳动者的转移成本，而且增加了工业部门的用工成本和社会成本。最后，户籍制度及其背后的城乡公共服务差异是农民工在城市地区“落户难”的原因之一。2015 年前后，我国各地开始逐渐放开户籍政策，除了少数大城市以外，其他大中小城市的落户门槛都有所下降。但是由于城乡之间依然存在较大的公共服务差异，以及城镇地区高房价、高生活成本等问题，农民工城市落户进程慢于预期，这可能会导致经济到达刘易斯第二转折点的时间推迟。

第三，大国经济特征。中国幅员辽阔，人口众多。根据 2019 年国家统计局数据，中国国土面积分别是日本的 25 倍、韩国的 95 倍，人口总量分别是日本的 11 倍、韩国的 27 倍。大国经济中的劳动力异质性和地区异质性特征表现得更加明显，因此在刘易斯转折判断时不能直接套用其他东亚经济体的经验。一方面，大国经济的各种经济现象会更复杂，地区间的影响会更深刻，在通过刘易斯转折时可能呈现出更多相互冲突的经验证据。另一方面，大国经济意味着不同地区发展差距更大，所处的刘易斯转折阶段可能不同。比如，在工业化和城市化落后的中西部地区，农村仍然存在大量的剩余劳动力，然而工业化发展水平较高的沿海地区可能已经局部越过了转折点（南亮进，2014）。

第四，人口结构的快速转变。我国人口结构的突出变化体现在以下两个方面。一是劳动年龄人口的快速下降。我国劳动年龄人口在 2012 年达到峰值，为 9.22 亿人，2020 年下降至 8.8 亿人，比 2010 年减少 4000 多万人。二是老龄化和少子化。如图 2－4 所示，我国 65 岁及以上老年人口和 14 岁及以下少儿人口占比呈现相反的变动特征。2022 年，0～14 岁和 65 岁以上人口占比分别为 16.9% 与 14.9%，分别比 1982 年下降 16.7% 和上升 10.0%。与日本、韩国等“未老先富”的经济体相比，我国呈现出“未富先老”的特征，这使得我国在尚未完成二元经济转型的阶段，便面临劳动力市场、人口和产业转型升级等诸多方面的挑战。同时，人口结构的快速转变加剧了刘易斯转折的判断难度。部分学者认为东南部沿海地区最早出现“民工荒”是特定年龄的结构性短缺，比如，农民工工资的上涨是由于19～29岁年龄段农村青壮年短缺或女工短缺，而不是劳动力市场结构根本性变化的结果（Golley and Meng，2011）。

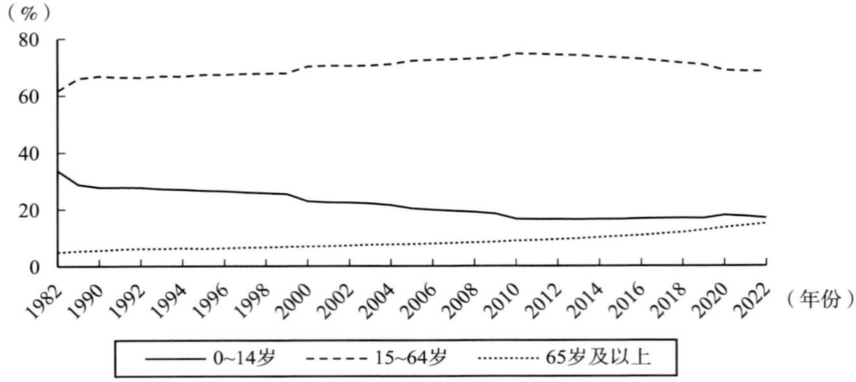

图2－4　1982～2022年不同年龄段人口占总人口比重

资料来源：历年《中国统计年鉴》。

第五，城镇地区存在庞大的非正规部门。① 刘易斯模型假定已经转移到城市或非农部门的劳动者实现了充分就业。但是，发展中国家的实践表明，城市非正规部门就业以及正规部门的非正规就业是非常普遍的现象。与日本、韩国等东亚经济体不同，我国二元经济转型过程叠加了由计划经济向市场经济的转型，因此出现了规模庞大的非正规部门和非正规就业。如图2－5所示，城镇非正规就业占比从1998年开始激增，这主要是由于这一时期国有企业改革导致国有企事业单位等正规部门就业数量大幅度下降，并在此后逐渐“分流”至非正规部门。1998～2012年，非正规就业激增的另一个原因则是从农业部门转移的剩余劳动力进入城镇非正规部门就业。2013年以来，以“放管服”为核心的商事制度改革的实施，企业登记注册成本的下降和税费成本的下

① 国际劳工组织在《1991年局长报告：非正规部门的困境》（*The Dilemma of the Informal Sector: Report of the Director General*）中将非正规部门定义为发展中国家城市地区低收入、低报酬、无组织、无结构的小规模生产和服务单位（ILO，1991）。一般情况下，与城市正规部门要求更好的管理组织、更密集的资本投入、更先进的技术设备等准入门槛相比，非正规部门具有准入门槛低、支付给员工的工资低、不需（或很少）缴税社会保障缴款等特征（徐蔼婷，2019）。

降极大地促进了登记注册的市场主体数量的增加，因此以口径二和口径三计算的城镇非正规就业占比下降。此外，由于城镇单位就业的扩张规模有限，与 2012 年相比，2022 年城镇正规就业数量仅增加 1530.3 万人，因此以第一种口径计算的非正规就业规模不降反增。总之，以私营企业和个体企业为主的小微企业依然是我国城镇劳动力的主要就业渠道和新增就业的主要来源。提高这部分劳动力的就业质量和收入水平对于构建一体化劳动力市场、完成二元经济转型具有重要意义。

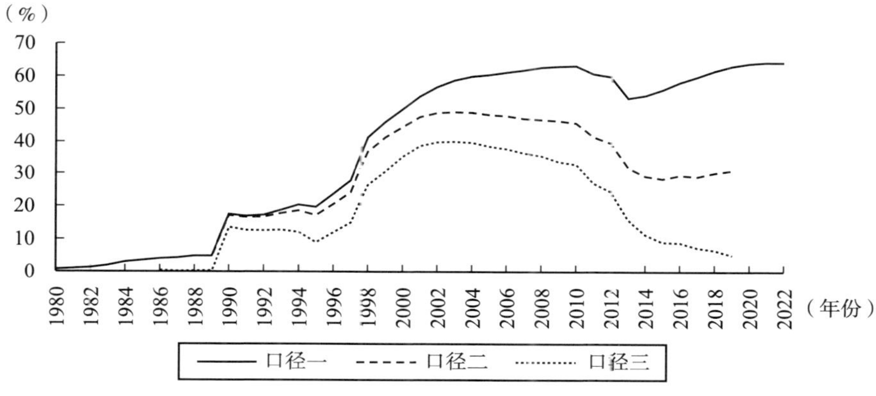

图 2-5　1980～2022 年城镇非正规就业占城镇就业比重

注：(1) 口径一包括私营企业就业、个体企业就业和“未统计就业”三部分；口径二包括个体企业就业和“未统计就业”两部分；口径三只包括“未统计就业”；(2) 未统计就业 = 城镇就业人员 - 城镇单位就业 - 私营企业就业 - 个体企业就业；(3) 1990 年起全国就业人员统计增加了“未统计就业”的部分，因此三种统计口径的城镇非正规就业占比出现激增；(4) 2019 年起，《中国统计年鉴》不再公布私营企业就业数和个体企业就业数数据。

资料来源：历年《中国统计年鉴》。

第六，数字化、智能化的冲击。与日本、韩国等 20 世纪 60～80 年代通过刘易斯转折的国家不同，我国二元经济结构转型过程恰逢数字技术普遍应用的时代。新经济、新技术、新模式、新业态的发展，对中国二元经济转型产生冲击。一是农民工工资的上涨带动企业用工成本的增加，非熟练劳动力的稀缺改变了资本劳动比较收益率。机器人技术的发展为资本代替劳动提供了机会。如图 2-6 所示，我国进口机器人数量从 2008 年开始激增，与非熟练劳动力工资上涨的时间重合。二是数字技术的应用加速了经济“数字化”“服务化”进程。受平台经济、零工经济、网络直播等新经济业态高收入、灵活性、自主性就业方式的吸引，农村转移劳动力更愿意进入新兴行业就业，加剧了制造业劳动力的稀缺和工资上涨。三是与制造业相比，平台就业、零工就业等新就业模式中劳动力的就业质量、人力资本积累水平、技能水平和社会保障水平并没有明显提升（丁守海等，2022）。这些劳动力大多数仍处于非正规就业中，不利于促进劳动力充分高质量就业以及构建全国统一的劳动力市场。

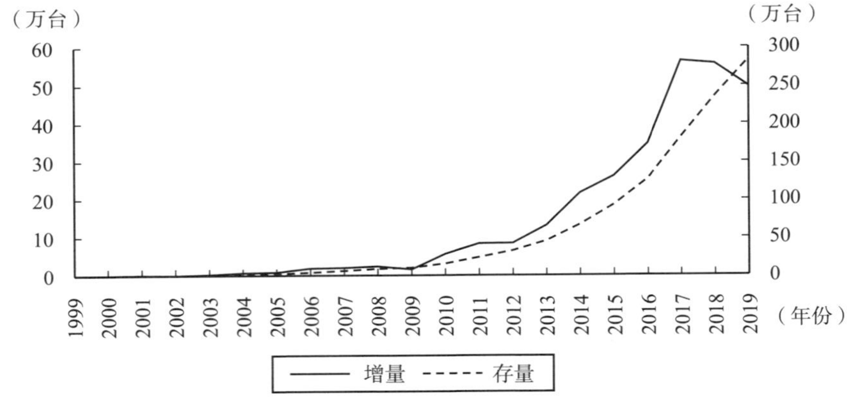

图 2－6 1999～2019 年中国进口机器人数量及存量

资料来源：国际机器人联合会（IFR）。

2.3 中国经济刘易斯转折的悖论

根据刘易斯－费景汉－拉尼斯模型，经济通过刘易斯第一转折点时，农业部门劳动边际生产率由零（或负）转正、零值剩余劳动力①消失和生存工资上涨这三个现象是同时发生的。但是现实经济的复杂往往使得理论与现实相悖。中国经济刘易斯转折的判断之所以引起如此广泛的争论，是由于出现了农业部门劳动力剩余与非农部门非熟练劳动力短缺以及工资上涨并存的“悖论”，有学者甚至将此称为中国经济之“谜”（Knight et al.，2011）。中国自 2004 年开始出现农民工短缺和工资上涨现象，从经验上来看，农业部门仍存在数量可观的剩余劳动力也是不争的事实。即使蔡昉及其合作者也承认农村地区仍存在相当数量的剩余劳动力（蔡昉，2007；蔡昉和王美艳，2007）。根据本书 1.1.3 节对“工业部门工资提前上涨的问题”的分析，工业部门工资提前上涨的原因可以分为三类：一是农业部门生存工资上涨的推动；二是剩余劳动力从农业

① 本书将刘易斯最初定义的劳动边际生产率为零甚至为负的剩余劳动力，称为零值剩余劳动力。

部门到城市部门的转移成本的上涨；三是非农部门工资高于市场出清水平导致的高工资。本节将根据这三类原因，对中国经济刘易斯转折的"悖论"的相关研究进行梳理。

第一，从农业部门生存工资上涨的推动来看，在剩余劳动力没有转移殆尽之前，任何提高农业部门劳动平均产出的因素都会提高农业部门生存工资。一方面，2004年以来我国实施的农业税改革和农业补贴等惠农政策直接提高了农户家庭的农业剩余，导致农业部门平均收入的增加（Minami and Ma，2010）。另一方面，从农村人口和第一产业就业数据来看，受出生人口变动的影响，农村人口在1995年达到峰值后，进入下降阶段；第一产业就业人员数在2002年达到峰值后，进入下降区间。农村人口绝对量的下降，意味着即使不考虑农业部门劳动生产率的提高，农业部门劳动平均产出也会增加。

第二，从剩余劳动力的转移成本来看，剩余劳动力的转移成本大致可以分为经济成本和心理成本两部分（曹宗平，2009）。2004年之后，我国房地产价格上涨导致的住房费用上升，以及城市地区交通、医疗、教育等成本的上涨，均增加了剩余劳动力转移的经济成本（周建和张桂文，2020）。同时由于大国经济特征导致我国的地区异质性和个体异质性问题更加突出，也会反映在劳动力转移成本上（蔡昉，2010）。一方面，家庭所在地与转移地的空间距离越大，产生的转移成本越高。在经济发展初期，转移成本较低的农业劳动力实现非农转移之后，吸引更偏远地区劳动力转移的成本就会提高。相关成本包括道路交通、通信、邮政电信、互联网等基础设施建设成本，一般由政府公共部门承担，还包括如交通通信费、城市的高生活成本、城乡环境转变带来的心理成本等，则需要转移者个人承担。另一方面，我国农村劳动力转移表现出强烈的自选择性特征，比如在教育、年龄、性别、技能、健康程度等方面具有优势的劳动力非农就业转移倾向更强（郭熙保和黄灿，2010）。当具有人力资本优势的劳动力率先转移之后，工业部门如果要继续吸引更多的劳动力转移，就必须提高工资水平，而此时并不意味着农业剩余劳动力消失，只是剩余劳动力转移的保留工资增加。

第三，从非农部门高于市场出清水平导致的高工资来看，导致非农部门非熟练劳动力工资上涨的制度因素包括2004年城镇地区最低工资制度的实施和2008年《中华人民共和国劳动合同法》《中华人民共和国劳动争议调解仲裁法》等法律法规的实施（朱晶等，2011）。尤其是对于《中华人民共和国劳动合同法》等劳动力保护政策的出台是否直接推动了企业用工成本的提升，从而改变要素比较优势，使得我国提前进入经济增长动能转换的“新常态”，学术界有着不同的观点。此外，户籍制度以及相关社会福利的城乡分割和地区分割形成的分割性劳动市场阻碍了劳动力在城乡之间和地区之间的流动和转移，这也是造成“民工荒”和剩余劳动力并存“悖论”的重要原因（Knight et al.，2011）。由于户籍等制度性障碍的存在，农民工不能享有与城市居民相同的公共服务权益，大部分农民工不能与家庭成员一起进城，只能选择在未婚和年轻时外出打工，[①] 而一些需要照顾老人和孩子的农村劳动力根本无法外出打工，这直接降低了可供转移的农村劳动力数量。根据戈利和孟昕（Golley and Meng Xin，2011）的测算，如果现有农民工的平均转移年限增加四年，农民工存量将增加一倍以上，如果消除所有的制度障碍，2020 年的农民工数量也将增加一倍以上。

2.4 中国经济刘易斯转折的实证争论

2007 年，蔡昉及其团队率先提出中国已于 2004 年前后跨越了刘易斯转折点。这一观点引发了广泛的学术争论。学者们纷纷提出相反的证据。《中国经济杂志》（*China Economic Journal*）和《中国经济评论》（*China Economic Review*）分别于 2010 年和 2011 年出版了关于中国刘易斯转折争论的专辑，提供学术舞台，使论辩双方有机会“同场竞技”。在此期间关于中国经济刘易斯转折的文献呈爆发式增长态势。直至 2015 年前后，随着中国经济进入中高速增长阶段，非农部门非熟练劳动力短缺和工资上涨成为常态，甚至中西部偏远地区都出现工资上涨现象，使得对这一问题的讨论逐渐沉寂。虽然对具体时点仍有争论，但是已有越来越多的学者开始认同中国经济正在接近或者已经进入刘易斯转折阶段。笔者总结了现有文献的主要判断方法，并将相关研究结论进行分类整理，将主要的支持性证据和反对性证据汇总至表 2-1。

---

① 国家统计局农村司发布的《2009 年农民工监测调查报告》显示，2009 年全国举家外出的农民工为 2966 万人，仅占全部外出农民工的 20.41%；全国农村固定观察点办公室的调查数据显示，2010 年，农村外出就业劳动力的平均年龄为 33.8 岁，其中男性平均年龄为 34.7 岁，女性平均年龄为 32.1 岁（蔡昉，2011）；根据 2009 年全国人口变动情况抽样调查数据，全国劳动人口的平均年龄约为 38.8 岁。

表 2-1　　中国经济刘易斯转折的实证结论一览

判断方法	支持性证据	反对性证据
剩余劳动力数量及比例	2004 年农村剩余劳动力比例是 23.5%，其中 50% 以上是 40 岁及以上的经济活动人口，40 岁以下的农村剩余劳动力至多只有 5800 万人，剩余比例只有 11.7%（蔡昉，2007） 在现有的劳动力市场状况和制度环境下，农业中可供转移的劳动力规模为 4300 多万人（都阳和王美艳，2010） 2010 年农村剩余劳动力总量为 5643 万人，其中 72.3%、48.1% 和 57% 的比例分别为 40 岁以上、小学及以下和女性劳动者（郭金兴和王庆芳，2014）	已转移农民工并未放弃承包地，是兼业生产者，这部分劳动力折算成农业从业者，将降低所需农业劳动力数量。40 岁以上的农村劳动力即使不适合转移到非农部门，但是作为农业劳动者也可以置换出更多的外出打工者，直接从转移者中扣除是毫无道理的（孙自铎，2008） 农村劳动力并未实现充分就业。将劳动者每年工作日定为 300 天，从事农业生产的劳动力和拥有农村户籍的非农劳动力剩余比例分别为 39% 和 25%（Knight et al.，2011）
Minami 标准	2004 年以来农业劳动力成本显著提高。与 1980～2004 年相比，2005～2009 年，粳稻的劳动生产弹性和边际劳动生产率有大幅度提高（都阳和王美艳，2010） 1990 年以来农业劳动边际生产率大于零，农业部门工资与劳动边际生产力相关关系增强（卿涛，2011）	2005～2007 年农业劳动生产率远低于日本和韩国，甚至低于印度尼西亚、泰国、菲律宾等国家（南亮进，2014）
劳动力市场供求	2004～2011 年劳动年龄人口的增量以每年 13.6% 的速度减少，劳动年龄人口绝对数量将在 2015 年前后达到峰值。"十二五"期间，城镇新增就业在 5859 万人与 9836 万人之间，而这一时期劳动人口增量仅为 2400 万人左右（蔡昉，2011） 2017 年第二季度，除了 45 岁以上的年龄组以外，其他年龄组的求人倍率都大于 1。其中 25～34 岁这个年龄组的稀缺性更强（杨仕元等，2018）	当前 19～29 岁年龄段的缺口是农村青壮年劳动力的暂时性短缺，而不是剩余劳动力的枯竭（Golley and Meng，2011） 2009 年中国劳动力总量为 9.3 亿人，比所有发达国家劳动力数量的总和（7.7 亿人）还要多，至少在未来十几年内，劳动供给是稳定和充裕的（翟振武和杨凡，2011）
工资上涨	2003 年以后，普通劳动者（农业雇工、农民工、非熟练工人）的工资出现明显上涨，并且呈加速上涨的趋势（蔡昉，2011） 甘肃省贫困地区已经普遍出现劳动力短缺，实际雇工工资无论是农忙时期还是农闲时期都已开始大幅上涨（张晓波等，2010）	现阶段的农民工工资上升可能是因为农业补贴和城市最低工资制度的实施，以及处于人口结构变化的特殊时期导致的，而不是因为农村剩余劳动力枯竭（Minami and Ma，2010） 农民工工资上涨速度低于 GDP 增速（刘怀宇和马中，2011）；农民工工资的增长低于劳动生产率的提高（袁志刚，2010）；农民工工资并没有出现相对于城镇职工工资的快速上涨（张丽宾，2011；Golley and Meng，2011）

续表

判断方法	支持性证据	反对性证据
工资收敛和收入分配	不同技能的农民工之间、农民工和城市职工之间，以及不同地区之间的工资水平出现趋同现象（蔡昉，2011） 2013～2018年，居民收入差距基本稳定，如果按照相同方式调整高收入组的遗漏，居民收入差距则略有缩小（罗楚亮等，2021）	城乡收入差距持续扩大，城乡居民人均收入从1982年的1.82：1扩大到2009年的3.33：1（肖卫等，2011） 劳动收入份额从1997年的53.4%下降到2007年的39.74%，企业盈余从23%上升到31%，政府收入增长近30%（袁志刚，2010）
东亚经验比较	中国人均GDP和农业劳动力占比超过国际经验显示的英美日等发达国家经历刘易斯转折点时的人均GDP（300～500美元，1964年不变美元价格）和农业劳动力占比（40%～50%）（黎煦，2007） 中国人均GDP已经超过跨国数据计算的通过刘易斯转折的经济发展水平（汪进和钟笑寒，2011）	与通过刘易斯转折的国家和地区相比，中国农业生产结构并未出现根本性变化（南亮进，2014）

根据以上汇总结果，笔者将判断结果出现分歧的原因归结为以下四点。

首先，判断的转折点不同。很多研究并没有明确指出所判断的是哪一个刘易斯转折点。蔡昉（2010）及其团队明确指出其判断的是刘易斯第一转折点，但是这一说法并未得到广泛的认同。国内外学者基于Minami标准判断的是刘易斯第一转折点。但是基于工资收敛和收入分配改善所提出的反对性证据和基于东亚经验的比较所提出的支持性证据，判断的则是刘易斯第二转折点。因此，看似各有道理，但是很多讨论并不在一个理论维度上。

其次，使用的判断方法不同。日本、韩国等国家刘易斯转折的判断，主要是根据农业部门劳动边际生产率的估算结果作出的。南亮进（1968）围绕这一估算结果，对日本刘易斯转折的判断方法被总结为“Minami标准”。然而，由于中国经济出现剩余劳动力和工资上涨并存的“悖论”，因此，对中国经济刘易斯转折点的判断主要是基于剩余劳动力数量及其比例的估算作出的。但是，中国刘易斯转折的判断中没有区分剩余劳动力和零值剩余劳动力。根据定义，零值剩余劳动力对应的是农业部门劳动边际生产率为零甚至为负阶段的冗余劳动力。中国剩余劳动力的估算很少采用农业部门劳动边际生产率的判断方式，而是直接测算劳动投入超过按照劳动定额法、经验法、定基法或随机前沿等方法，估算农业生产必需的劳动力数量，即得到剩余劳动力数量。因此，根据这一判断标准估算出存在一定数量的剩余劳动力，并不代表没有通过劳动边际生产率由负转正的刘易斯第一转折点。

再次，证据的侧重点不同。不同学者面对同一证据得出的结论不同。比如蔡昉等在最初的判断中，将 40 岁以上的农村劳动力视为不能转移的劳动力，并将其作为判断中国经济已经通过刘易斯第一转折点的经验证据。但是孙自铎（2008）认为，40 岁以上劳动力即使不适合转移到农业部门，但是作为农业劳动力可以置换出更多的非农劳动力，因此直接扣除是没有道理的。2010 年后，农民工平均年龄的上涨，也说明了随着经济的发展，具有转移潜力的农村劳动力数量是不断增加的。另外，基于劳动力市场供求的判断中，蔡昉等认为劳动人口总量的减少意味着劳动力市场供求发生了质的转变。翟振武和杨凡（2011）则从中国劳动力总量较高，甚至超过所有发达国家劳动力总和的角度，认为劳动力供给是稳定和充裕的。经过十几年的发展，中国劳动力总量已经进入下降区间，同时年龄、教育等结构性问题愈加突出，使得学者们对劳动力市场供求发生了质变这一情况产生了共识。因此劳动力市场供求标准只能作为判断刘易斯转折的辅助，而不能作为直接的判断标准。

最后，现实经济的复杂使得刘易斯转折判断需要综合多个标准。一方面，由大国特征导致的地区异质性和个体异质性，使得中国经济刘易斯转折的判断不能直接套用日本和韩国等国家的经验。另一方面，我国的经济制度安排使刘易斯转折具有本国的特点。这提醒我们，中国经济刘易斯转折的判断不能拘泥于某一种方法和标准，而是要综合各类证据和方法进行综合判断。同时，经过二十年的发展，很多冲突性证据变得更加清晰，这也为当前刘易斯转折的判断提供了便利。

2.5　小　　结

刘易斯转折是具有二元经济结构的国家在经济发展过程中必然要经历的阶段。虽然对具体时点有所争论，但是，越来越多的证据表明中国经济正在接近或已经进入刘易斯转折阶段。学者们依据不同的判断标准、实证方法和数据来源，得出不同乃至相互冲突的结论，可能是由于理论模型难以穷尽经济现实的所有细节。中国地域辽阔、劳动人口众多的大国经济特征，意味着刘易斯转折不可能一蹴而就，而是需要经历一个相当长的阶段。在接近刘易斯转折或处于刘易斯转折的初始阶段时，就有可能出现诸多相互矛盾的证据。但是，透过这些证据，却能发现劳动力市场在持续而坚定地向前发展，对于劳动力市场发展前景、遇到困难和解决方法的探究，共同构成了进一步改革的学理基础。

第3章　全国农村剩余劳动力数量的估算：2010～2018

3.1　引　　言

农村剩余劳动力数量的估算是判断是否通过刘易斯转折最主要的方法之一。我国农村剩余劳动力数量估算的争论大致可以归纳为以下两种观点：一种是以蔡昉为代表的学者们关注剩余劳动力的结构变化，从农村劳动力人力资本结构特征以及与之相关的流动意愿，发现农村剩余劳动力数量远低于通常认为的水平，因而最早作出我国农村剩余劳动力已经从无限供给转向短缺的论断（蔡昉，2007；蔡昉和王美艳，2007；都阳和王美艳，2010；蔡昉，2016）；另一种是以南亮进等为代表的国内外学者从农村剩余劳动力总量出发，基于农村剩余劳动力数量过亿、农业从业人员平均年龄远低于发达国家水平、农业从业人员并未实现充分就业等证据，认为中国剩余劳动力总量依然充足（孙自铎，2008；贾先文等，2010；Golley and Meng，2011；Minami and Ma，2010；Yao and Zhang，2010；Yang and Kwan，2018）。

笔者通过梳理发现，当前农村剩余劳动力估算的争论可归因于以下三个方面。一是使用概念不同。根据费景汉和拉尼斯（1964）对刘易斯模型的扩展，剩余劳动力包括农业部门劳动边际生产率小于或等于零以及农业部门劳动边际生产率大于零但是低于非农部门劳动边际生产率两部分，分别对应于通常所讲的刘易斯第一转折点和刘易斯第二转折点。从理论上看，根据这两种概念估算的剩余劳动力结果是不可比的，但是大多数学者在争论中并未对此进行明确区分。[①] 二是估算原理不同。蔡昉等对剩余劳动力的估算着眼于可向非农部门转移或者说是具有非农部门转移潜力的剩余劳动力数量，其他大部分研究则着眼于剩余劳动力总量，而没有对剩余劳动力总量和可转移剩余劳动力数量进行区分。三是数据来源不同。其中最主要的区别在于使用的农业从业人员数据不同。农村剩余劳动力估算中使用的农业从业人员数据来源主要有两个：一是直接使用官方公布的第一产业从业人员数据；二是部分学者认为官方公布的第一产业从业人员数据存在高估，[②] 因此使用农村劳动力资源减去农村已转移劳动力作为农业从业人员，所估算的剩余劳动力结果一般低于前者。然而由于城乡就业统计口径的模糊以及农村劳动力“候鸟式”的流动方式，获取准确的农村劳动力资源和已转移劳动力数据似乎更加困难，这也加剧了估算结果的矛盾。此外，我国农业从业人员中存在普遍的兼业现象，一方面相当一部分已转移农村劳动力并未放弃承包地，依然从事农业生产，另一方面即使被统计为第一产业就业的劳动力也可能从事非农就业活动，这也是难以获得准确的农业从业人员数据的主要原因。[③]

通过以上分析可知，解决以上三个方面的问题是准确估算农村剩余劳动力数量的前提。本章试图对 2010～2018 年我国剩余劳动力数量和变动趋势进行估算，并从以下两个方面解决上述冲突。第一，对于前两个问题，在区分剩余劳动力总量和可转移剩余劳动力数量的基础上，提出基于农业部门劳动边际生产率为零的绝对剩余劳动力和基于农业劳动力非农就业转移潜力的相对剩余劳动力两种估算方法，并利用这两种估算方法对农村剩余劳动力数量和比例进行估算。同时明确指出利用绝对剩余劳动力估算方法估算的是刘易斯第一转折点。第二，对于第三个问题，笔者摒弃当前文献中常用的两种农业从业人员数据获得方式，而是在准确界定官方乡村就业人员统计口径的基础上，利用微观数据构建基于农村劳动力就业类型选择的多分类预测模型，对乡村就业人员中从事纯农业、兼业和纯非农就业的劳动力数量进行估算。这不仅首次从宏观上

---

① 蔡昉（2018）明确指出，其之前提出、争辩和研究刘易斯转折点时，主要的工作是做出了第一个刘易斯转折点到来的判断。而 Minami and Ma（2010）等研究估算的是刘易斯第二转折点。

② 岳希明（2005）指出，官方调查中由于不能准确地确定农村就业人口的行业归属，而将一部分不再从事农业的劳动力笼统地归并到了第一产业中，造成中国官方统计资料高估了农业就业人员的数量。蔡昉（2016）对农业劳动力比重的重新估算表明，官方数据把农业从业人员高估了 10%。

③ 农业从业人员中存在兼业现象，还会使得实际参加农业生产的劳动力数量高于第一产业从业人员数量。根据第三次全国农业普查数据，2016 年全国农业经营户或农业经营单位中从事农业生产活动累积 30 天以上的人员（包括兼业人员）为 31422 万人，比《中国统计年鉴》公布的 2016 年第一产业从业人员（21496 万人）高出 46.2%。

估算出我国从事兼业就业的劳动力数量，而且将纯农业和兼业劳动力作为农业从业人员数据，为估算绝对剩余劳动力和相对剩余劳动力提供更为准确的数据基础。

3.2 绝对剩余劳动力和相对剩余劳动力的估算原理

按照刘易斯（1954）最初的定义，剩余劳动力指的是传统部门边际产出为零的劳动力，也就是说，如果将这些剩余劳动力转移到现代部门，农业产量不会下降，也被称为“零值剩余劳动力”或“绝对剩余劳动力”。由此得出绝对剩余劳动力的估算方法：在既定农业生产技术条件下，农业必需劳动力以外的农业劳动力即为剩余劳动力（姚洋，2018）。其中农业必需劳动力的估算方法包括经验法、基准估算法和劳动定额法（Taylor，1988）。经验法由农业生产基层组织的领导者估计本生产单位所需的劳动投入。基准法首先选择基准年，根据基准年的土地劳动比或劳动设备比确定总的劳动需求。基准年一般选择在20世纪50年代。经验法和基准法是20世纪90年代以前国内学者采用的主要方法。目前文献最常用的估算方法是劳动定额法：根据农业生产统计资料估算农业生产需要投入的劳动力工日，然后通过设定农业劳动力合理工作负荷工日，折算出农业生产必需劳动力数量。

蔡昉和王美艳（2007）采用劳动定额法对2005年农业必需劳动力进行估算，将农业劳动力合理工作负荷工日设定为每年250天、300天和320天三种情形，得到农业生产必需劳动力数量分别为17802万人、18989万人和22787万人，剩余劳动力数量分别为10698万人、6279万人和2481万人，且即使以第一种情形计算，40岁以下的剩余劳动力也不足5000万人。考虑到40岁以上劳动力转移意愿较低，这意味着劳动力供给结构性变化是“民工荒”与工资上涨的主要原因，有力地支持了中国经济已经通过刘易斯拐点的论断。郭金兴和王庆芳（2014）沿用其估算思路对农村剩余劳动力的年龄、性别和受教育程度三种人力资本结构进行估算，发现2010年农村剩余劳动力总量为5643万人，其中40岁以上、小学及以下和女性劳动者的比例分别为72.3%、48.1%和57%，因此认为刘易斯拐点已经到来。关峰等（Kwan Fung et al.，2017）利用随机前沿模型分别对17种农产品和13种畜产品中的剩余劳动力数量进行估算，加总后得到2013年农产品和畜产品的剩余劳动力数量分别为2183.3万人和399万人，剩余劳动力比例为12%，因此认为我国已经基本通过了刘易斯第一转折点。但是，还有部分学者利用该方法得出相反的结论。孔祥智（2019）将农业劳动力合理工作负荷工日设定为 300 天，并利用农村住户调查中的整劳动力、半劳动力数据对农业就业人员进行折算，得到 2016 年农业生产必需劳动力和农业就业人员分别为 13032 万人和 17734 万人，因此认为农业劳动力中约 1/3 是剩余劳动力。赵卫军等（2018）在考虑了农业生产季节性和天气变化的影响之后，将农业部门合理工作负荷工日确定为 250 天。然后引入农业劳动力知识系数和农业技术指数计算出农业劳动力效用最大化工日，得出 2015 年农业生产必需劳动力和剩余劳动力数量分别为12001 万人和 9917 万人，剩余比例为 45.3%。

二元经济理论描绘了一个以农业为主的经济体向工业化转型的过程，其核心机制在于农业部门能够为工业部门提供源源不断的剩余劳动力，从而促进工业部门资本积累，完成工业化过程。因此在剩余劳动力估算中，我们不仅关心农业剩余劳动力数量，更关心农业部门能够为非农部门提供的可转移劳动力数量。很明显，从农业部门劳动边际生产率角度定义的绝对剩余劳动力并不等同于农业部门可转移到非农部门的劳动力供给。都阳和王美艳（2010）指出，从农业部门劳动边际生产率角度对剩余劳动力的估算是基于加总数据，因此很难考虑劳动者的个体差异性，而非农劳动力市场对农村劳动力具有很强的选择性，使得年龄、受教育程度等个人特征成为决定农村剩余劳动力流动方向的最主要因素。笔者认为，除了劳动力个体人力资本特征的异质性导致农村剩余劳动力数量高于可转移剩余劳动力供给以外，还有一些因素可能导致二者关系更为复杂。一方面，即使劳动力转出会对农业生产产生不利影响，但是如果转移到非农部门能够获得更高的净收益，那么农业部门劳动力仍然可能选择转移。这表现为各地农业部门出现不同程度的撂荒、农业机械化生产对劳动的替代以及农业种植结构的调整（蔡昉，2018）。另一方面，如果由于劳动力转移成本的提升或非农部门工资水平相对较低，降低了转移到非农部门的净收益，那么即使在农业部门不能实现充分就业，劳动力也可能不转移，这表现为农业劳动力更偏好“闲暇”或“暂时”退出劳动力市场（赵显洲，2010）。周健和张桂文（2020）指出，城市的住房、医疗和教育等生活成本，以及由于背井离乡、与家人分离和歧视等原因所产生的精神成本的提高，使得农业劳动力的迁移成本上升，迁移收益下降，是“劳动力无限供给时代结束”的主要原因之一。因此，如果从农村劳动力非农部门转移成本收益的角度考量，只有转移到非农部门能够获得更高的收益，但是由于非农部门工作机会不足，尚未转移剩余劳动力，才能构成潜在的非农部门劳动力供给。笔者把这部分剩余劳动力称之为

“相对剩余劳动力”。这里的“相对”指的是相对于在农业部门就业，转移到非农部门能够获得更高的净收益。由此得出相对剩余劳动力的估算方法：在劳动力个体决策下未转移农业劳动力中具有非农就业转移潜力的那部分劳动力，即为相对剩余劳动力。

相对剩余劳动力的主要估算方法为建立农村劳动力就业选择模型，将未转移农业劳动力选择非农就业的预测概率视为其转移潜力，进而估算出农业相对剩余劳动力数量。比如，都阳和王美艳（2010）利用2005年1%人口抽样调查微观数据资料，建立农村劳动力外出决策的Probit模型，估计劳动力年龄、性别、受教育程度和健康状况等个体特征对外出决策的影响，然后估算不同教育程度和年龄阶段未外出劳动力选择外出的概率，乘以对应的未外出劳动力数量，得出2005年农村可转移剩余劳动力数量仅为4357万人。约翰·奈特等（John Knight et al.，2011）采用类似的方法，建立年龄、性别、受教育程度，以及婚姻、子女年龄和父母年龄等家庭特征因素对劳动力外出决策影响的Probit模型，并利用中国居民收入项目（China Household Income Project，CHIP）2002年和2007年数据，估算出2002年和2007年未外出人员中可转移数量分别为7400万人和7100万人。

通过以上分析，笔者得出农村剩余劳动力的两种估算方法：第一种是通过计算农业生产必需劳动力，估算农业部门劳动边际生产率为零的绝对剩余劳动力；第二种是从劳动力个体决策角度，估算农业劳动力中具有非农就业转移潜力的相对剩余劳动力。需要说明的是，绝对剩余劳动力是边际产出为零的农业劳动力，这是从行业总体上进行衡量和估算的；相对剩余劳动力是指当前从事农业生产的劳动力中，在综合考虑了农业就业与非农就业个人及其家庭的各类成本和收益后，有可能转移至非农产业就业的劳动力数量和比例，是从个体和微观的角度来衡量的。因为这一就业决策需要比较农业就业和非农就业的相对成本和收益，因此称为相对剩余劳动力。这与以农业劳动和非农业劳动的边际产出相等作为衡量标准的刘易斯第二转折点（即费景汉和拉尼斯所谓的商品化点）有相似之处，但是笔者提出的相对剩余劳动力不仅考虑纯粹的劳动边际产品或工资收入，还要考虑影响劳动力转移的其他因素，如个体特征、家庭负担等。因此，相对剩余劳动力的消失并不完全等同于通过刘易斯第二转折点。此外，笔者认为，相对剩余劳动力是一个动态的、发展的概念。一方面，在经济发展初期，非农部门就业创造能力较弱，只能吸引少部分男性、年轻、受教育程度较高的农村劳动力到非农部门就业，由此估算的相对剩余劳动力数量也较低，并且低于绝对剩余劳动力数量。另一方面，随着经济发展水平的提高和农村劳动力人口结构的转变，男性、年轻、受教育程度高的农村劳动力基本转移殆尽，非农部门只能继续吸引人力资本水平较低的农业劳动力转移，这使得原来受到人力资本水平限制不能转移的农业部门劳动力的转移潜力提升，因此相对剩余劳动力的数量开始超过绝对剩余劳动力的数量，甚至可能呈现出与绝对剩余劳动力截然相反的变化趋势。基于此，笔者将对两种剩余劳动力数量和比例进行估算，并对估算结果进行对比分析。

3.3　基于机器学习算法的估算方法说明

为了避免现有文献中使用的两种农业从业人员数据的缺陷，笔者在准确界定官方乡村就业人员统计口径的基础上，利用微观调查数据建立农村劳动力就业类型选择的概率预测模型，对绝对剩余劳动力和相对剩余劳动力数量进行估算。具体估算过程如下。第一，乡村就业人员的统计界定。界定宏观统计中的乡村就业人员统计口径，并对微观调查数据中农村劳动力不同类型就业样本进行分类。第二，预测模型选择。基于不同的有监督的机器学习算法，利用微观调查数据构建农村劳动力就业类型选择预测模型，并通过模型预测效果评价指标的对比，选择分类效果最好的预测模型，对乡村就业人员中从事纯农业、兼业和纯非农三种就业类型的劳动力数量进行估算。第三，绝对剩余劳动力估算。将纯农业和兼业劳动力作为农业从业人员，计算农业从业人员投入农业生产劳动时间，减去农业生产必需劳动时间，得到绝对剩余劳动力数量。第四，相对剩余劳动力估算。将纯非农和外出就业作为非农就业方式，再次利用机器学习模型估算农业劳动力向非农就业转移的概率，从而得到相对剩余劳动力数量。

3.3.1　乡村就业人员的统计界定

明确宏观统计中乡村就业人员的统计标准，然后界定微观调查数据中与之对应的样本范围，是利用微观调查数据进行宏观估算的前提。根据《2019年中国统计年鉴》的说明，2001年以后的全国经济活动人口、就业人员、城镇和乡村就业人员的统计资料，是根据第六次全国人口普查资料及历年劳动力调查资料推算的。对比《2011年中国统计年鉴》和第六次全国人口普查资料可以发现，二者城乡就业人员占城乡常住人口比例的数据基本一致（见表3－1）。由于

2010 年人口普查中的就业数据是按照常住人口口径统计的，由此可以推断，2010 年及以后的《统计年鉴》中“乡村就业人员”数据也是按照农村常住人口口径统计的。①

表 3－1　不同数据来源的 2010 年城乡常住人口和就业人员数量和比例

数据来源	城镇			乡村		
	常住人口（万人）	就业人员（万人）	比例（%）	常住人口（万人）	就业人员（万人）	比例（%）
2010 年人口普查	6253	3219	51.5	6481	3936	60.7
《2011 年中国统计年鉴》	66978	34687	51.8	67113	41418	61.7

本章使用的微观调查数据为国家卫生计生委 2015 年流出地监测专项调查（以下简称“流出地 2015”）。“流出地 2015”调查以第六次全国人口普查分县数据、2015 年上半年分县全员流出人口数据为初级抽样框，采取分层、多阶段、与户籍人口规模成比例的 PPS 方法进行抽样。调查范围包括河北、辽宁、吉林、黑龙江、江苏、浙江、安徽、河南、广东、四川 10 个省份的 230 个区县。该调查详细询问了 16～59 岁农村劳动力的个人特征、家庭特征，以及从事农业生产和非农业生产的情况。该调查中农村劳动力包括三类：一是在农村常住 6 个月以上或在城镇常住 6 个月以下且工作地点也在农村的劳动力；二是在农村常住 6 个月以上，但是就业地点在城镇地区的劳动力；三是在城镇常住 6 个月以上但户口登记地仍然在农村本户的劳动力。

根据上文对乡村就业人员统计口径的推断，将“流出地 2015”调查中户口在农村本户且在农村常住 6 个月以上的劳动力视为“乡村就业人员”，将户口仍在农村本户但在城镇常住 6 个月以上的劳动力视为“外出”就业。表 3－2 给出了“流出地 2015”调查中“农村劳动力”的配置状况。如表 3－2 所示，户口仍在农村的劳动力中，只有 48.9% 的劳动力就业地点也在农村，而 19.8% 的

① 关于这一点，还可以从另外两个角度加以印证。第一，根据《中国统计年鉴》数据，2010～2018 年，城镇就业人员占城镇常住人口的比例一直稳定在 51.8%～52.4%，乡村就业人员占乡村常住人口的比例则稳定在 60.2%～61.7%，这表明城乡就业数据与城乡常住人口数据存在稳定的比例关系。第二，将《农民工监测调查报告》中“农民工总量”减去“居住在城镇地域内”的“进城农民工”，与《统计年鉴》中“乡村就业人员”减去“第一产业就业人员”数据进行对比，发现二者在 2015～2018 年差距仅为 93 万～1421 万人。由此可以推断，现行城镇就业人员统计中包含的农民工数量大致等于“进城农民工”数量。换言之，无论工作地点是否在城镇地区，只要不在城镇地区居住的农民工都已经被计入“乡村就业人员”统计中。由此也可以说明，城乡就业数据是按照居住地原则统计的。

农村劳动力已经实现在城镇地区的“就近就业”，但是由于常住在农村，仍被统计在“乡村就业人员”中。忽略了这部分劳动力，是当前研究中认为乡村就业人员比例存在高估的主要原因之一。另外，有 31.3% 的农村劳动力选择外出就业，其中省内就业和省外就业的相对比例为 53.7% 和 46.3%。

表 3－2　“流出地 2015”调查中“农村劳动力”的配置状况

农村劳动力资源	常住地	就业地	数量（人）	比例（%）
乡村就业人员	农村	农村	22550	48.9
		城镇	9127	19.8
外出就业	城镇	省内	7763	16.8
		省外	6698	14.5
合计	—	—	46138	100

进一步地，按照农村劳动力农业和非农就业情况，将只从事农业生产的劳动力划分为纯农业劳动力，将既从事农业生产也从事非农生产的劳动力划分为兼业劳动力，将只从事非农生产的劳动力划分为纯非农劳动力。划分结果见表 3－3。2015 年，“乡村就业人员”中纯农业、兼业和纯非农劳动力的比例分别为 34.1%、19.1% 和 15.5%，三者之间的相对比例分别为 49.7%、27.7% 和 22.5%。

表 3－3　“流出地 2015”调查中农村劳动力就业类型构成

指标	乡村就业人员			外出	合计
	纯农业	兼业	纯非农		
数量（人）	15755	8787	7135	14461	46138
比例（%）	34.1	19.1	15.5	31.3	100.0

3.3.2　模型构建和估算方法

在获得“流出地 2015”调查中不同就业类型劳动力的统计范围后，通过构建有监督的机器学习算法模型，并找到相对应的宏观数据变量，对乡村就业人员中从事纯农业、兼业和非农就业的劳动力数量进行估算。经过几十年的发展，有监督的机器学习算法已经比较成熟，但是用于劳动力就业类型选择的文献尚不多见。当前比较常用的机器学习算法包括传统的线性回归和 Logit 回归，以及比较现代的广义可加模型（GAM）、支持向量机（SVM）和提升方法等（Gareth James et al.，2020）。不同的机器学习算法各有优缺点，笔者基于构建多分类评估预测模型的需要，综合考虑不同算法的原理，选择传统的多项 Logit 模型（MNL）、支持向量机（SVM）以及基于提升方法的 AdaBoost 三种算法进行建模，并通过模型预测效果评价指标的对比，选择分类效果最好的模型进行预测分析。

1. 多项 Logit 模型（MNL）

MNL 模型是一种建立在随机效用理论基础上的传统分类预测方法，具有变量易解释、计算速度快等优点，其缺点是假定前提比较严格，包括不同选择的随机效用部分相互独立、服从相同的二重指数分布等。

第一步，利用“流出地 2015”数据建立基于纯农业、兼业和纯非农的 MNL 模型。假设劳动力个体 i 的就业可选方案集合为 y，包含了纯农业、兼业和纯非农三种不同的方案，其中方案 j 的效用记为 U_{ij}。根据效用最大化原则，如果选择方案 j 能带给劳动者最大的效用，则个体 i 将选择 j 方案。如式（3-1）所示：

$$P(y_i = j \mid x_i) = A_j X_{ij} + \varepsilon_{ij},\ i = 1,\ \cdots,\ n;\ j = 1,\ \cdots,\ J \qquad (3-1)$$

其中，A_j 表示回归系数矩阵，X 表示影响劳动力就业类型选择的变量，ε 表示随机误差项。在确保所使用的微观数据变量能够找到与之对应的宏观数据变量的前提下，笔者参考夏怡然和陆铭（2015）、张景娜和朱俊丰（2020）等的研究，从以下几个方面选择变量：劳动力个体特征（受教育年限、年龄及其平方项、性别）、家庭特征（14 岁及以下少儿比例、65 岁及以上老人比例、家庭承包地面积和家庭人均可支配收入）、地区经济特征（经济发展水平、第二产业产值比重和第三产业产值比重）、地区交通通信特征（交通运输能力、邮政服务水平、电信服务水平和互联网普及率）、区域特征（东部、中部、西部和东北地区虚拟变量）。

第二步，找到与 X 相对应的宏观数据变量 X^M。其中个体特征变量利用历年《中国人口和就业统计年鉴》公布的全国和城镇就业人员按性别分就业人员年龄构成数据，计算出乡村就业人员年龄结构和分年龄性别结构。2010 年和 2015 年分年龄受教育程度变量分别采用《2010 年中国人口普查资料》和《2015 年人口抽样调查资料》中 16 岁及以上乡村人口的分年龄受教育程度数据代替。其余年份采用算术平均法得到。家庭特征、地区经济和交通通信特征变量来源于历年的《中国统计年鉴》和《中国城市统计年鉴》。

第三步，假设其余年份劳动力就业选择影响变量 X 的回归系数矩阵 A_j 与 2015 年相同，然后将宏观数据变量 X^M 和变量回归系数矩阵 A_j 代入式（3－2）中，计算宏观数据条件下三种就业类型劳动力的比例。将纯农业作为“参照方案”，则个体 i 选择 j 方案的预测概率可表示为：

$$P(y_i = j \mid x_i) = \begin{cases} \dfrac{1}{1 + \sum_{j=2}^{J} \exp(A_j x_{ij})} (j = 1) \\ \dfrac{\exp(A_j x_{ij})}{1 + \sum_{j=2}^{J} \exp(A_j x_{ij})} (j \neq 1) \end{cases} \tag{3-2}$$

最后，将历年《中国统计年鉴》中乡村就业人员的数量乘以第三步计算的三种就业类型劳动力比例，即可得到乡村就业人员三种就业类型劳动力总量。

2. 支持向量机（SVM）

SVM 是建立在统计学基础上的一种机器学习方法。其基本思想是：假定在一个 n 维空间中存在两种不同类型的数据，为了在空间中将两类数据区分开来，需要构造一个可以划分两种数据的超平面，并使得两类数据距离该平面的边界最大化。其中刚落在间隔上和落在间隔错误一侧的样本点称为支持向量。SVM 的一个重要特点是，只有支持向量在构建分类器时发挥作用，落在间隔之外被正确分类的观测并不影响分类器。一般来说，当不同类别的观测可以更好地被分隔时，SVM 的表现比 MNL 好，但是如果不同类别存在较多重叠，选择 MNL 更加合适。如式（3－3）所示：

$$\begin{gathered} \text{minimize}\varphi(w) = \frac{1}{2}\|w\|^2 \\ \text{s.t.} \quad y_i(w^T X + b) - 1 \geqslant 0,\ i = 1, 2, \cdots, n \end{gathered} \tag{3-3}$$

其中，w 是超平面的法向量，b 为位移项。求解式（3－3）得到分类函数为：

$$f(x) = \text{sign}\left(\sum_{i=1}^{n} \alpha_i y_i X_i^T X + b\right) \tag{3-4}$$

其中 α_i 为拉格朗日系数。由于本章构建的是多分类预测模型，因此需要将支持向量扩展到多分类情形。对此采用一类对一类（one-versus-one）的分类方法进行处理。其估算步骤为：首先，对于 J＞2 的多分类模型建立 $\binom{J}{2}$ 个

SVM，每个 SVM 用来分隔两个类别，使用所有$\binom{J}{2}$个 SVM 对一个样本点进行分类。然后，记录这个样本点被分到每个类别的次数。最后，这个样本点的最终预测类别就是预测次数最多的那一类，并把预测到每个类别的比例作为预测概率。SVM 模型构建中使用的微观数据变量和宏观数据变量与 MNL 相同。

3. AdaBoost 算法

AdaBoost 由弗罗因德和沙佩尔（Freund and Schapire，1995）提出，是一种基于提升（boosting）方法的经典算法。提升方法的基本思想是：对于一个复杂任务来说，将多个专家的判断进行适当综合所得出的判断，要比其中任何一个专家单独的判断好。其计算过程为从弱学习算法出发，反复学习，得到一系列弱分类器，然后组合这些弱分类器，构成一个强分类器。基于训练数值的权值分布和强分类器组合方法的不同，形成不同的算法。AdaBoost 算法在训练数值赋权方面，将关注点放在被错误分类的样本上，减少上一轮被正确分类的样本权值，提高被错误分类的样本权值。在强分类器组合方式上，采用加权投票的方法，分类误差小的弱分类器的权值大，而分类误差大的弱分类器的权值小。AdaBoost 算法的优点在于它能在学习过程中不断减少训练误差，即在训练数据集上的分类误差率。其主要缺点是对异常样本敏感，异常样本在迭代中可能会获得较高的权值，从而产生噪声，影响强分类器的预测准确性。

本章首先使用“流出地 2015”数据进行数据训练，然后利用宏观数据变量进行预测。其数据训练过程如下：给定训练数据集 $T=\{(X_1, y_1), (X_2, y_2), \cdots, (X_n, y_n)\}$。假定训练集上样本的初始分布为 $D_1(i)=\frac{1}{N}$，计算弱分类器 h_t；根据弱分类器在分布 D_t上的误差为 $\varepsilon_t=P_{D_t}(h_t(X_i)\neq y_i)$，计算弱分类器的权值为 $\alpha_t=\frac{1}{2}\ln\left(\frac{1-\varepsilon_t}{\varepsilon_t}\right)$；更新训练样本的分布为 $D_{t+1}(i)=\frac{D_t(i)\exp(-\alpha_t y_i h_i(X_i))}{Z_t}$，其中 Z_t 为归一化常数；得到强分类器为 $H_{final}(X)=\operatorname{sign}\left(\sum_{t=1}^{n}\alpha_t h_t(X)\right)$。

3.3.3 绝对剩余劳动力估算方法

在估算出乡村就业人员中三种就业类型的劳动力数量之后，笔者将乡村就业人员中的本地纯农业和兼业劳动力视为农业从业人员，[①] 通过计算农业必需劳动工日和农业从业人员从事农业生产的劳动工日，估算绝对剩余劳动力数量和比例。

首先，计算农业必需劳动工日。借鉴蔡昉和王美艳（2010）、孔祥智（2019）的研究，采用“劳动定额法”对农业必需劳动力数量进行估算。根据《全国农产品成本收益资料汇编》公布的我国各类农产品单位播种面积或单位产量的用工数量，以及《中国统计年鉴》和《中国农村统计年鉴》公布的相应农产品的播种面积或总产量，估算按标准劳动日（每天 8 小时）计算的当年农业产出必需投入的用工总工日。由于 2009 年之后的《全国农产品成本收益资料汇编》不再汇报水产品的劳动用工情况，因此只估算了种植业、饲养业和畜牧业的农业必需劳动力工日。

其次，获取农业从业人员从事农业生产的劳动工日。由于纯农业和兼业这两类农业从业人员在农业生产中投入的劳动时间差别较大，不能直接利用农业劳动力合理工作负荷工日折算剩余劳动力数量，对此分别利用纯农业和兼业劳动力投入的平均农业劳动时间估算农业生产实际投入劳动时间。由于“流出地 2015”调查中没有询问不同就业类型劳动力的劳动时间情况，本章使用的劳动时间数据来自中国居民收入项目 2013 年的农村住户调查数据（CHIP2013）。CHIP2013 调查覆盖了北京、山西、辽宁、江苏、安徽、山东、河南、湖北、湖南、广东、重庆、四川、云南、甘肃 14 个省份 126 个城市 234 个县区的 11013 户农村住户样本。该调查询问了 16 岁及以上劳动力农业和非农就业类型，以及在不同就业类型中投入的劳动时间。按照上文对“乡村就业人员”的界定，对 CHIP2013 数据进行处理，得到农村劳动力样本 25584 个，其中纯农业、兼业、纯非农和外出劳动力数量分别为 9249 个、5021 个、6114 个和 5200 个。表 3－4 给出了四种就业类型劳动力农业和非农劳动投入的平均劳动时间结果。

表 3－4　2013 年 CHIP 数据中不同就业类型劳动力农业和非农劳动投入的平均劳动时间结果

指标	纯农业	兼业			纯非农	外出
		农业劳动	非农劳动	合计		
工作时间（天/年）	210.8	122.2	166.2	288.4	270.2	253.4

注：此处的农业劳动时间实际上指从事第一产业（即农林牧渔业）的时间；为了叙述方便，以下统称为农业从业时间。

① 外出劳动力也可能农忙时返乡从事农业生产，但是由于外出就业离乡 6 个月以上，实际从事农业生产的时间很短。根据 CHIP2013 数据，外出劳动力平均从事农业生产 12.6 天。为了方便起见，笔者假设外出就业完全脱离农业生产。

如表3－4所示，2013年纯农业劳动力平均农业投入时间为210.8天，低于通常文献中使用的农业劳动力合理工作负荷工日240天、270天或320天。纯非农劳动力的平均工作天数为270.2天，接近城镇劳动力平均工作天数275.5天（CHIP2013）。外出劳动力的平均工作天数为253.4天，略高于《2013年农民工监测调查报告》公布的外出农民工平均从业时间249.5天。值得注意的是，兼业劳动力的农业劳动和非农劳动平均时间分别为122.2天和166.2天，二者合计为288.4天，高于其他三种就业类型劳动力的平均工作天数，表明兼业劳动力的平均劳动时间更长，并且如果按照农业劳动力合理工作负荷日270天计算，兼业劳动力已经基本处于充分就业状态。

另外，纯农业劳动力的平均劳动时间仅为210.8天，低于通常认为的农业劳动力合理工作负荷工日，表明纯农业劳动力中存在以公开失业为表现形式的显性失业。如果这部分纯农业劳动力能够增加农业劳动时间，那么就可以置换出更多的农业劳动力转移到非农部门就业。因此这部分劳动时间可以看作是农业部门劳动边际生产率为零的绝对剩余劳动时间，笔者称之为显性剩余劳动时间。在估算农村剩余劳动时，应将显性剩余劳动时间也包含在内，这也符合早期对剩余劳动力的界定。① 同时为了与实际投入农业生产但超出农业生产必需劳动时间的剩余劳动时间进行区分，笔者把后者称为隐蔽性剩余劳动时间，把包含显性剩余劳动时间的剩余劳动时间称为绝对剩余劳动时间。

3.3.4 相对剩余劳动力估算方法

笔者将农业劳动力中具有向非农就业转移潜力，但是尚未转移的部分视为相对剩余劳动力。借鉴都阳和王美艳（2010）、约翰·奈特等（2011）的估算思路，如果已知农业劳动力的变量特征，那么农业劳动力选择非农就业的概率可以看作是农业劳动力向非农就业的转移潜力。因此需要对农业劳动力选择非农就业的概率进行预测。笔者将纯农业和兼业就业视为农业劳动力，将纯非农和外出就业视为非农就业，分别估算纯农业和兼业向纯非农和外出就业的转移数量和比例。具体估算过程如下。

第一，利用“流出地2015”数据建立农村劳动力纯农业、兼业、纯非农和外出就业的四分类就业选择模型。第二，再次利用以上介绍的三种机器学习

① 在剩余劳动理论发展的早期，马瑟（Mathur，1964）在分析剩余劳动产生的原因时已指出，传统部门的剩余劳动应包含隐蔽性失业和公开失业两部分。

算法，对不同算法下四分类就业选择模型的预测精度进行评价，得出分类效果最好的模型。第三，将与微观数据相对应的宏观数据变量代入上述机器学习算法，分别预测出纯农业和兼业劳动力选择纯非农和外出就业的概率。第四，将预测概率乘以相对应的宏观数据中纯农业和兼业劳动力数量，加总得出相对剩余劳动力的数量和比例。其中，宏观数据变量的获取方法如下：纯农业和兼业劳动力的个体特征变量根据三分类模型估算的纯农业和兼业劳动力年龄、性别、受教育程度结构数据计算得到；纯农业和兼业劳动力的家庭特征、地区特征和区域特征变量不能直接获得，而是根据“流出地 2015”中纯农业和兼业样本与三种就业类型样本均值的相对比例进行调整得到。

3.3.5　变量说明和描述性统计

根据以上估算方法，需要建立三分类和四分类两个劳动力就业选择模型，并且需要两部分变量：一是基于“流出地 2015”的微观数据变量矩阵 X；二是与之相对应的宏观数据变量矩阵 X^M。表 3－5 给出了三分类和四分类预测模型的变量说明和基于微观数据的变量的描述性统计结果。通过对变量显著性和分类效果的对比，地区经济特征以地级城市指标表示，地区交通通信特征以省级指标表示。宏观数据变量中使用的分产业 GDP 变量和邮政业务变量均以 2010 年为基期，采用 GDP 平减指数进行平减。

表 3－5　变量说明和描述性统计结果

变量名称	变量说明	三分类预测模型		四分类预测模型	
		均值	标准差	均值	标准差
就业类型_ 3	纯农业＝1、兼业＝2、纯非农＝3	1.728	0.805	—	—
就业类型_ 4	纯农业＝1、兼业＝2、纯非农＝3、外出＝4	—	—	2.440	1.247
受教育程度	未上学＝1、小学＝6、初中＝9、高中或中专＝12、大专＝15、大学＝16、研究生＝19	8.115	2.805	8.565	2.811
年龄	2015 减去出生年份	43.347	10.567	39.904	11.538
年龄的平方	年龄的平方项/100	19.906	8.628	17.542	9.042
性别	男性＝1，女性＝0	0.512	0.500	0.565	0.496
少儿数量	家庭 15 岁以下少儿数量	0.806	0.893	0.833	0.911

续表

变量名称	变量说明	三分类预测模型		四分类预测模型	
		均值	标准差	均值	标准差
老年人数量	家庭 64 岁以上老年人数量	0. 222	0. 519	0. 286	0. 584
承包地面积	家庭承包地面积	6. 007	9. 106	5. 613	8. 197
家庭人均可支配收入	家庭可支配收入除以家庭人口数的对数	9. 068	0. 902	8. 949	0. 963
经济发展水平	地级市人均 GDP 的对数	10. 620	0. 453	10. 590	0. 448
二产发展水平	地级市第二产业 GDP 占比	0. 457	0. 079	0. 459	0. 077
三产发展水平	地级市第三产业 GDP 占比	0. 407	0. 061	0. 403	0. 062
交通运输能力	省级每万人公路里程数	27. 898	7. 274	27. 637	7. 158
互联网普及率	省级互联网上网人数/人口数	0. 512	0. 112	0. 512	0. 119
邮政服务水平	省级邮政业务量/人口数	0. 043	0. 045	0. 045	0. 045
电信服务水平	省级移动电话年末用户量/人口数	0. 949	0. 205	0. 952	0. 216
东部地区	东部地区取 1，其他取 0	0. 296	0. 456	0. 317	0. 465
中部地区	中部地区取 1，其他取 0	0. 391	0. 488	0. 396	0. 489
西部地区	西部地区取 1，其他取 0	0. 084	0. 277	0. 102	0. 303
样本量	—	31677		46138	

3.4 两种剩余劳动力的估算结果及分析

3.4.1 算法评价和选取结果

本章使用 Python 对模型进行处理，所用程序为 Python 自带程序包或自己编写的程序。在模型训练过程中，采用十折交叉训练方法，通过对数据集数据的随机排序和抽取，降低模型的测试错误率。由于不同算法各有优缺点，采用受试者工作特征（Receiver Operating Characteristic，ROC）曲线和曲线下面积（Area Under Curve，AUC）值对模型分类效果进行评价，从而选出分类效果最好的模型，对宏观数据展开预测。ROC 曲线能够同时展示出所有阈值出现的假阳性率（False Positive Rate，FPR）和真阳性率（True Positive Rate，TPR）。AUC 值是 ROC 曲线下面的面积。ROC 曲线越贴近左上角，AUC 值越大，表明分类效果越好。一般来说，AUC 值大于 0.8，表示模型具有良好的预测性质。图 3 - 1 和图 3 - 2 分别绘制出基于 MNL、SVM 和 AdεBoost 的三种机器学习方法，对应于三分类和四分类数据的 ROC 曲线和 AUC 值。

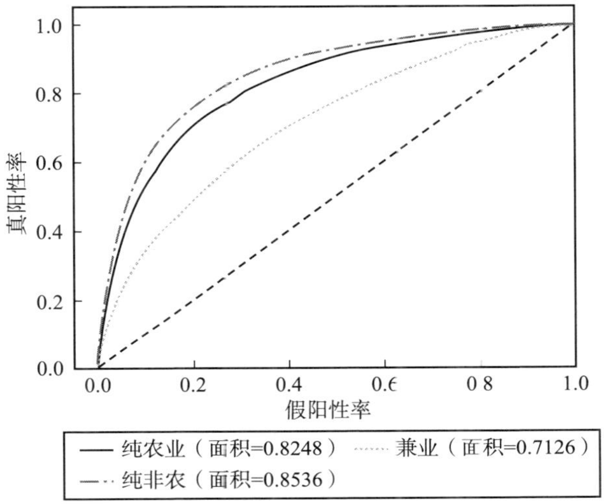

（a）三分类 MNL 分类器的 ROC 曲线

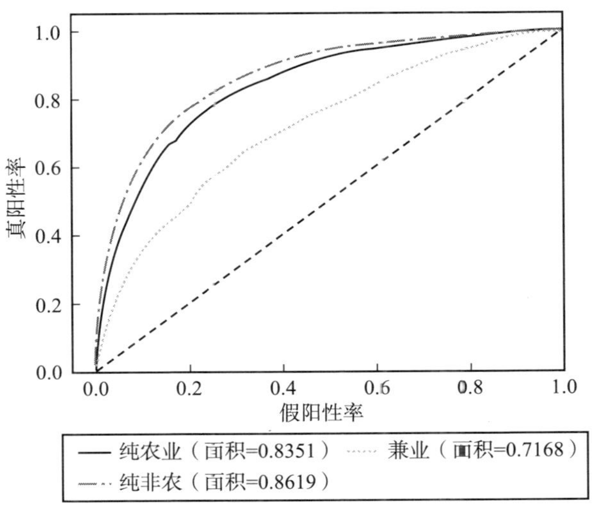

（b）三分类 SVM 分类器的 ROC 曲线

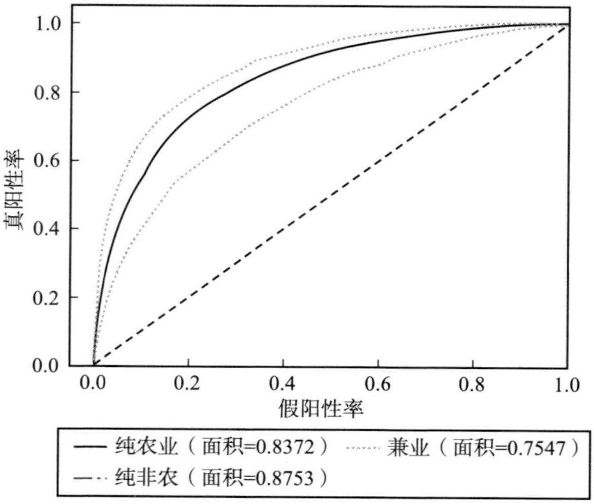

（c）三分类 Adaboost 分类器的 ROC 曲线

图 3－1

注：在绘制每一类别 ROC 曲线时，将分类器对该测试样本分类正确视为 1，将其他类别结果视为 0，从而绘制出与类别数相等的 n 条 ROC 曲线。

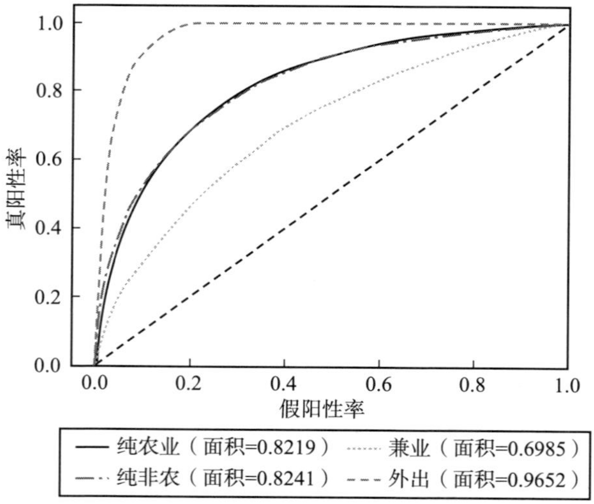

（a）四分类 MNL 分类器的 ROC 曲线

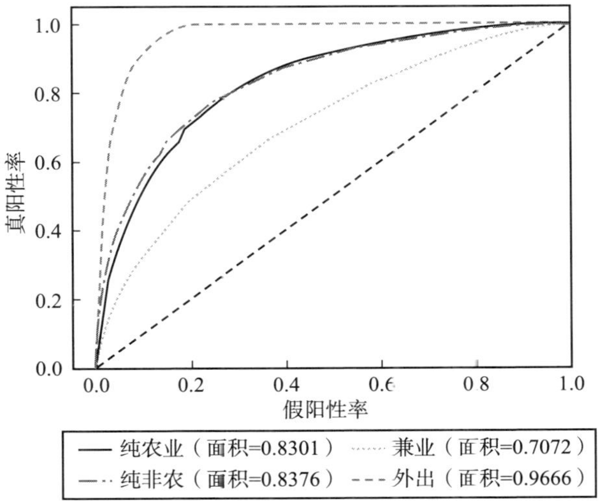

（b）四分类 SVM 分类器的 ROC 曲线

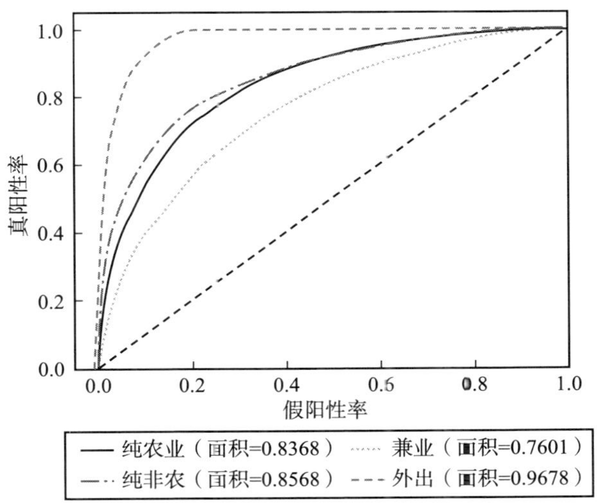

（c）四分类 Adaboost 分类器的 ROC 曲线

图 3－2

注：在绘制每一类别 ROC 曲线时，将分类器对该测试样本分类正确视为 1，将其他类别结果视为 0，从而绘制出与类别数相等的 n 条 ROC 曲线。

为了更直观地反映评估效果，计算了基于三种机器学习方法的 AUC 均值。三分类数据 MNL、SVM 和 AdaBoost 的 AUC 均值分别为 0.7970、0.8046、0.8224，四分类数据三种算法的 AUC 均值分别为 0.8274、0.8354、0.8554，可以看出三种算法的分类精度均值基本在 0.8 上下，表明分类预测效果良好，具有较强的预测能力。对比来看，无论是从 AUC 均值还是从不同类别来看，三种机器学习方法的分类效果排序都是 MNL < SVM < AdaBoost，表明 AdaBoost 的分类精度最好，预测能力最强。因此，选择 AdaBoost 算法对宏观数据进行预测。另外，从 AdaBoost 结果来看，纯农业、纯非农和外出三个类别的 AUC 值相对较高，在 0.83 以上，尤其是外出类别的 AUC 值在 0.96 以上，表明本章使用的数据对这三种类型就业的分类精度较高。而兼业类别的 AUC 值在 0.75 ~ 0.76，表明使用数据对兼业类型的识别能力相对较差，这可能是由于兼业劳动力的变量特征与其他三种类别的相似度较高，因而分类效果较差。①

3.4.2 乡村就业人员三种就业类型劳动力数量的估算结果

在得到基于 AdaBoost 机器学习算法的三分类预测模型后，假定其他年份农村劳动力的三种就业类型的就业选择模型与 2015 年相同，代入宏观数据变量，计算出 2010 ~ 2018 年乡村就业人员选择三种就业类型的预测概率，再乘以《中国统计年鉴》中相应年份的乡村就业人员总量，得出乡村就业人员中三种就业类型的劳动力数量。估算结果见表 3 - 6。

表 3 - 6　乡村就业人员三种就业类型比例和数量

年份	乡村就业人员（万人）	比例			数量		
		纯农业（%）	兼业（%）	纯非农（%）	纯农业（万人）	兼业（万人）	纯非农（万人）
2010	41418	61.0	26.2	12.8	25264	10862	5293
2011	40506	58.7	27.0	14.2	23788	10951	5766
2012	39602	57.1	26.5	16.4	22600	10509	6493
2013	38737	53.8	29.0	17.2	20838	11217	6682
2014	37943	51.2	28.5	20.3	19429	10803	7711
2015	37041	46.2	31.8	22.0	17110	11789	8142
2016	36175	43.3	30.0	26.7	15669	10859	9647
2017	35178	40.2	30.9	28.9	14150	10865	10163
2018	34167	39.7	26.6	33.7	13567	9091	11509

资料来源：乡村就业人员数据来自《2019 年中国统计年鉴》。

伴随着快速的城镇化进程，我国乡村就业人员总量呈快速下降趋势。与

① 根据不同就业类型变量的描述性统计结果，兼业劳动力的人力资本特征和家庭特征与其他三类样本的相似度较高。限于篇幅，笔者并未将该结果列于文中。如有需要，可向笔者索要。

2010年相比，2018年乡村就业人员总量下降7251万人，年均下降2.4个百分点。但是乡村就业人员中三种就业类型劳动力数量呈现不同的变动趋势。首先，纯农业劳动力数量和比例一直呈下降趋势，而且下降数量和速度都超过乡村就业人员。与2010年相比，2018年纯农业劳动力数量下降11697万人，年均下降7.5个百分点，表明纯农业劳动力数量的下降是乡村就业人员数量下降的主要原因。其次，兼业劳动力数量和比例呈波动变化趋势。2018年兼业劳动力数量为9091万人，比2010年下降1771万人，兼业劳动力比例为26.2%，比2010年上升0.4个百分点。兼业既为农户家庭兼顾消费和农产品价值增长目标提供条件，也为劳动力离开农业、进入城市从事非农生产准备人力资本积累（吕秉梅和陈友锦，1996；孔祥智，2019）。随着经济发展水平和农业机械化水平的提高，以及农村劳动力老龄化的加剧，兼业在农村劳动力就业决策中的重要程度保持相对稳定。最后，纯非农劳动力的数量和比例呈高速增长趋势。2018年纯非农劳动力数量和比例为11509万人和33.7%，分别比2010年增加6216万人和20.9个百分点。纯非农劳动力数量的年均增长速度为10.2%，是增长幅度最大的就业类型。随着小城镇和乡村地区经济发展水平的提高以及基础设施、公共服务体系的日益完善，本地非农就业机会将不断增加，乡村就业人员中从事纯非农就业的数量和比例快速提升。

笔者进一步将农业从业人员估算结果与官方汇报的第一产业就业人员和第三次全国农业普查汇报的全国农业生产经营人员进行对比。首先，本章估算的2018年纯农业劳动力占乡村就业人员的比例为39.7%，比官方汇报的第一产业就业人员占乡村就业人员比例低19.6个百分点。但是2018年纯农业和兼业劳动力合计数量为22658万人，高于官方汇报的第一产业从业人员数字（20258万人）。产生这一矛盾的根源就在于当前官方乡村就业人员统计中没有反映农村劳动力的兼业从业情况。本章的估算结果为摸清我国乡村就业人员真实的农业和非农就业情况提供了数据基础。其次，本章估算的2016年纯农业和兼业劳动力合计数字（26528万人）比第三次全国农业普查汇报的2016年全国农业生产经营人员数字（31422万人）低4894万人。但是通过分年龄组的对比可以发现，二者55岁及以上农业劳动力差值为3395万人，占总差值的69.4%，[①] 表明我

① 本章估算的2016年纯农业和兼业劳动力合计数据中，55岁及以下和55岁以上劳动力数量分别为19372万人和7156万人。第三次全国农业普查汇报的2016年全国农业生产经营人员数据中，55岁及以下和55岁以上劳动力数量分别为20871万人和10551万人。此外，第一产业就业人员和农业普查汇报的全国农业生产经营人员中还包括少量在城镇单位或城镇地区从事第一产业生产的就业人员。为了简单起见，在相关分析中并没有将其计算在内。

国农村中有相当一部分55岁及以上劳动力实际从事农业生产，但是并没有被乡村就业人员统计在内的农业劳动人员，反映了我国农村老年人实际劳动参与率高于现有官方统计水平。而二者55岁以下劳动力数量差值仅为1499万人，表明本章的估算结果良好，能够反映我国当前农村劳动力的真实农业从业情况。

3.4.3 绝对剩余剩余劳动力的估算结果

本章采用“劳动定额法”对农业必需劳动工日进行估算，并假定纯农业和兼业劳动力年投入农业劳动工日与CHIP2013相同,[①] 然后利用纯农业和兼业劳动力数量估算隐蔽性剩余劳动时间和包含显性剩余劳动时间的绝对剩余劳动时间。为了更直观地表现劳动时间的大小，将估算的劳动时间按照270个工作日折算成劳动力数量。表3－7汇报了折算后的估算结果。

表3－7　2010～2018年绝对剩余劳动力估算结果（按照270个工作日折算）

年份	农业必需劳动力数量（万人）	投入农业生产劳动力数量			隐蔽性剩余劳动力		显性剩余劳动力数量（万人）	绝对剩余劳动力	
		纯农业（万人）	兼业（万人）	合计（万人）	数量（万人）	比例（%）		数量（万人）	比例（%）
2010	16857	19724	4916	24640	7783	31.6	5539	13322	44.1
2011	16481	18572	4957	23529	7048	30.0	5216	12264	42.7
2012	16382	17645	4756	22401	6019	26.9	4955	10974	40.1
2013	15767	16269	5077	21346	5579	26.1	4569	10148	39.2
2014	15449	15169	4889	20058	4609	23.0	4260	8869	36.5
2015	14852	13358	5336	18694	3842	20.6	3752	7594	33.8
2016	14521	12233	4915	17148	2627	15.3	3436	6063	29.5
2017	14315	11048	4917	15965	1650	10.3	3103	4753	24.9
2018	13990	10592	4115	14707	717	4.9	2975	3692	20.9

注：（1）农业必需劳动工日估算中，由于缺少相应的数据，谷子和其他谷物的每亩用工数量以高粱的每亩用工数量代替；芝麻、胡麻籽和向日葵的每亩用工数量由花生和油菜籽每亩用工数量的平均值代替；其他农作物的每亩用工数量由已知农作物每亩用工数量的算术平均值代替；大牲畜的单位用工数量由牛的单位用工数量代替；（2）纯农业劳动力投入农业生产劳动力数量＝纯农业劳动力数量×210.8÷270；（3）兼业劳动力投入农业生产劳动力数量＝兼业劳动力数量×122.2÷270；（4）显性剩余劳动力数量＝纯农业劳动力数量×（270－210.8）÷270；（5）1亩＝666.667平方米。

资料来源：历年《全国农产品成本收益资料汇编》《中国统计年鉴》和《中国农村统计年鉴》。

① 受数据可得性限制，笔者作此假定。考虑到本章所考察时期较短，且纯农业（210.8天）和兼业劳动力（288.4天）年投入劳动时间已相对较高，可以认为此假定是合理的。

如表 3－7 所示，第一，随着农业机械化水平提升和农业生产结构的调整，农业生产必需劳动力数量呈下降趋势。与 2010 年相比，2018 年农业生产必需劳动力数量下降 2867 万人，下降幅度为 17%。

第二，与纯农业和兼业劳动力数量（表 3－6 第 5 列和第 6 列）的变动趋势一致，纯农业劳动力投入农业生产的劳动力数量呈快速下降趋势，而兼业劳动力投入农业生产的劳动力数量的下降速度相对较慢。2018 年纯农业和兼业劳动力投入农业生产的劳动力数量分别为 10592 万人和 4115 万人，年均下降速度分别为 7.5 个和 2.2 个百分点。从合计结果（表 3－7 第 4 列）来看，2018 年纯农业和兼业劳动力合计投入农业生产的劳动力数量为 14707 万人，比 2010 年下降 40.3%，高于农业生产必需投入劳动时间的下降比例，这意味着隐蔽性剩余劳动力数量将呈下降趋势。另外，2018 年兼业劳动力投入农业生产的劳动力数量占合计投入农业生产的劳动力数量的比例为 28%，比 2010 年上升 8 个百分点，表明兼业劳动力的农业劳动投入对于稳定农业生产正发挥着越来越重要的作用。

第三，隐蔽性剩余劳动力数量和比例呈快速下降趋势。一方面，隐蔽性剩余劳动力数量从 2010 年的 7783 万人下降到 2018 年的 717 万人，下降幅度为 85.1%，表明我国隐蔽性剩余劳动力已经极低，在不影响农业生产的条件下，农业部门能够转移出来的剩余劳动力数量非常有限。另一方面，隐蔽性剩余劳动力比例从 2010 年的 31.6% 下降至 2018 年的 4.9%，相当于每年下降 3.3 个百分点。

第四，显性剩余劳动力数量呈下降趋势。2018 年显性剩余劳动力数量为 2975 万人，比 2010 年下降 46.3%，表明我国显性剩余劳动力数量相对比较充足，如果能够增加纯农业劳动力的农业劳动时间，便能够在不影响农业生产的条件下，转移出更多农业剩余劳动力。值得注意的是，显性剩余劳动力数量的下降速度低于隐蔽性剩余劳动力，并且从 2016 年开始，显性剩余劳动力数量开始超过隐蔽性剩余劳动力数量，成为我国剩余劳动力的主要表现形式。2018 年，显性剩余劳动力数量占绝对剩余劳动力数量的 80.6%（表 3－7 第 7 列除以第 8 列），比 2010 年上升 39 个百分点，表明我国当前农村剩余劳动力问题主要体现在纯农业劳动力未能实现充分就业上，促进这部分劳动力充分就业是进一步挖掘剩余劳动力潜力的重要途径。

第五，绝对剩余劳动力数量和比例也呈下降趋势。2018 年绝对剩余劳动力数量为 3692 万人，比 2010 年下降 72.3%，表明即使包含显性剩余劳动力，绝对剩余劳动力总量也已经相当有限。从剩余比例来看，绝对剩余劳动力比例从 2010 年的 44.1% 下降到 2018 年的 20.9%，相当于每年下降 2.9 个百分点。在其他情况不变的条件下，如果按照这个速度继续下降，那么在 2026 年我国农村劳动力将全面实现充分就业，从农业部门劳动边际生产率为零角度衡量的农村劳动力剩余时代将彻底过去，城乡二元经济结构将发生根本性改变。

3.4.4 相对剩余剩余劳动力的估算结果

笔者将不考虑农业部门边际产出，基于劳动力个体非农就业意愿，农业劳动力中具有非农就业转移潜力的那部分劳动力称为相对剩余劳动力。通过建立四分类的机器学习模型，本节估算了纯农业和兼业劳动力分别向纯农业和外出就业转移的相对剩余劳动力数量和比例。估算结果见表 3－8。①

表 3－8　2010～2018 年相对剩余劳动力估算结果

年份	纯农业相对剩余劳动力		兼业相对剩余劳动力		合计相对剩余劳动力		向纯非农转移数量（万人）	向外出转移数量（万人）
	数量（万人）	比例（%）	数量（万人）	比例（%）	数量（万人）	比例（%）		
2010	5203	20.6	5079	46.8	10282	28.5	2987	7295
2011	4878	20.5	5005	45.7	9883	28.4	3370	6513
2012	4639	20.5	4875	46.4	9514	28.7	3847	5668
2013	4289	20.6	4813	42.9	9102	28.4	4414	4688
2014	3949	20.3	4684	43.4	8633	28.6	4845	3787
2015	3541	20.7	4357	37.0	7898	27.3	4673	3225
2016	3198	20.4	3884	35.8	7083	26.7	4549	2534
2017	2618	18.5	3658	33.7	6275	25.1	4406	1869
2018	2166	16.0	3203	35.2	5369	23.7	4318	1051

如表 3－8 所示，相对剩余劳动力数量和比例的估算结果与绝对剩余劳动力估算结果的变动趋势基本一致，但是变动幅度表现出较大差异。首先，随着纯农业劳动力数量的快速下降和平均年龄水平的上升，纯农业劳动力中相对剩

① 笔者估算了纯农业和兼业劳动力分别向纯非农和外出就业的转移数量，但是由于其变动趋势与向纯非农和外出转移劳动力总量基本一致，为了突出关键信息，未汇报其结果。如有需要，可向笔者索要。

余劳动力的数量和比例急剧下降。[①] 2018年纯农业劳动力中可向非农部门转移的相对剩余劳动力数量和比例为2166万人和16%，分别比2010年下降3037万人和4.6个百分点，表明能够从纯农业就业户向非农部门转移的农业劳动力数量已经相当有限。

其次，由于兼业劳动力总量和年龄结构相对比较稳定，[②] 兼业劳动力中相对剩余劳动力的数量和比例下降速度相对较慢。2018年兼业劳动力中可向非农部门转移的相对剩余劳动力数量和比例为3203万人和35.2%，分别比2010年下降1876万人和11.6个百分点，表明促进兼业劳动力向非农部门转移是增加非农部门劳动力供给的重要途径。

再次，从合计结果（表3－8第5列和第6列）来看，相对剩余劳动力的数量和比例呈下降趋势。2018年相对剩余劳动力数量和比例为5369万人和23.7%，分别比2010年下降4913万人和4.8个百分点，表明我国能够向非农部门转移的劳动力数量相对比较充足。另外，将该估算结果与表3－7汇报的绝对剩余劳动力估算结果进行对比发现，从2015年开始，相对剩余劳动力的数量开始超过绝对剩余劳动力的数量，并且差距不断拉大，这表明随着经济发展水平的提高，非农部门创造的就业机会增加，使得原本受到人力资本限制不能转移的农业劳动力的非农就业转移潜力增加，能够向非农部门转移的相对剩余劳动力数量开始超过绝对剩余劳动力数量。此外，即使全部纯农业劳动力都实现充分就业，如果具有非农转移潜力的相对剩余劳动力全部转出，也会对农业生产产生不利影响。由于具有非农就业转移潜力的相对剩余劳动力主要由年龄较轻的40岁以下劳动力构成，[③] 如果这部分劳动力继续转移，那么将会导致农业劳动力的老龄化程度进一步加剧，对农业现代化产生不利影响。

最后，从转移方向来看，向本地纯非农就业和外出就业转移的相对剩余劳动力数量（表3－8第7列和第8列）表现出不同的变动趋势。一方面，随着小城镇建设和乡村经济发展水平的提高，本地非农就业机会增加，具有向本地纯非农就业转移潜力的相对剩余劳动力数量有所增加。2018年，能够向纯非农就业转移的相对剩余劳动力数量为4318万人，比2010年增加1331万人，

---

① 根据不同年份的分年龄组估算结果，2010～2018年，纯农劳动力中40岁以下劳动力占比从37.5%下降到18.7%，50岁及以上劳动力占比从37.6%上升到60.7%，劳动力年龄的上升是纯农劳动力相对剩余劳动力比例下降的主要原因。

② 根据不同年份的分年龄组估算结果，2010～2018年，兼业劳动力的40岁以下占比从48.5%下降到32.4%，50岁及以上占比从21.7%上升到35.5%，变动幅度低于总体乡村就业人员变动幅度。

③ 根据估算结果，2018年相对剩余劳动力中40岁以下数量为3047万人，占相对剩余劳动力数量的70.6%，占40岁以下纯农业和兼业劳动力数量的60.8%。

年均增长4.7个百分点。另一方面，由于城镇地区“掐尖式”吸纳农村劳动力的方式，[①] 随着纯农业和兼业劳动力的老龄化程度加剧，具有向外出就业转移潜力的相对剩余劳动力数量急剧下降。2018年，能够向外出就业转移的相对剩余劳动力数量仅为1051万人，比2010年下降6244万人，年均下降速度为21.5个百分点。另外，值得注意的是，向本地纯非农转移的剩余劳动力数量从2014年达到峰值后，开始出现逐年下降趋势，这表明随着农业劳动力人力资本结构转变和经济进入中高速增长阶段，本地非农部门吸纳农业劳动力的能力呈下降趋势，农业劳动力转移难度不断增加。

3.5 小　　结

剩余劳动力作为二元经济理论的核心概念，其数量和比例的估算是判断刘易斯转折的关键证据。本章的估算结果表明，2010年以来，我国绝对剩余劳动力数量呈快速下降趋势。2018年，我国隐蔽性剩余劳动力仅为717万人，表明按照当前实际农业生产投入计算的农业剩余劳动力数量已经处于极低水平。2018年显性剩余劳动力总量为2975万人，但是考虑到纯农业劳动力平均劳动时间已经达到210.8天，而且农业生产具有明显的季节性特征，纯农业劳动力劳动时间提升幅度已经相当有限。因此，判断我国已经总体上跨越刘易斯第一转折点。由农业就业和非农就业之间的劳动边际生产率或工资水平所决定的第二转折点是以后研究的重点，并具有更重要的现实意义。

从相对剩余劳动力估算结果来看，当前农业部门能够为非农部门提供的劳动力供给潜力也相当有限。根据本章估算结果，2018年，具有向本地纯农业就业和外出就业转移潜力的相对剩余劳动力数量分别为4318万人和1051万人，其中59.6%来自兼业劳动力。而兼业劳动力的平均非农劳动投入时间已达到166.2天。如果兼业劳动力达到270天的充分就业劳动时间，假设兼业就业中的相对剩余劳动力全部向非农部门转移，那么可增加的非农部门劳动力供给数量为1231万人（3203万人×（1－166.2÷270）），加上纯农业就业中可转移的相对剩余劳动力2166万人，2018年可转移的相对剩余劳动力数量则应调整为3397万人。另外，相对剩余劳动力数量已经超过绝对剩余劳动力数量，

① 根据《农民工监测调查报告》，本地农民工和外出农民工的平均年龄分别从2010年的36岁和31岁上升至2019年的45.5岁和36岁，前者比后者上升幅度高出4.5岁，表明当前城镇地区对农村劳动力的“掐尖式”用人偏好依然比较严重。

这意味着在纯农业劳动力不增加平均农业劳动时间的前提下，如果相对剩余劳动力全部转移到非农部门就业，会造成农业部门生产所需劳动时间不足。因此，笔者判断，未来一段时期，我国面临的农业生产劳动力紧张和非农部门劳动力供给不足的问题将会持续加剧，这将导致农业部门边际劳动生产率的提升和工农贸易条件的改善，城乡劳动力供求和二元经济结构都将发生根本性转变。

第 4 章　2015 年分省份和分区域农村剩余劳动力数量的估算

4.1 引　　言

全国农村剩余劳动力数量的估算结果为从总体上判断我国所处的刘易斯转折阶段提供了经验证据。但是由于我国幅员辽阔，不同区域之间经济发展水平和农业生产条件差异较大，所处刘易斯转折阶段也可能不同。蔡昉（2010）指出，大国和小国的刘易斯转折的表现是不同的，虽然中西部局部地区仍然存在大量的剩余劳动力，但是劳动力市场上对劳动力的吸收已经超过劳动力供给，因此从总体上看，中国的“刘易斯转折点”已经出现。周健和张桂文（2020）也指出，必须要将更多的大国或地区因素列入考察之中，且放在一个长期的发展历程中才能对刘易斯转折点的相关理论有全面而清晰的认识，才能抓住模型中可能被忽视的现实社会经济发展中的一些关键特征。

实证研究方面，南亮进和马欣欣（2014）把全国分为东中西三个区域，以生存工资标准分别进行了剩余劳动力的估算，结果显示，有两个省份（海南、新疆）已经通过了转折点。岳龙华和杨仕元（2016）利用 Minami 标准对中国不同区域所处的刘易斯转折阶段进行估算，发现 2009 年东部发达地区已率先通过刘易斯第一转折点，并接近商业化点，中部地区紧随其后也进入刘易斯第一转折区间，而西部地区的大部分省份还未到达刘易斯第一转折点。王必达和张忠杰（2014）通过建立 1997 ~ 2012 年 31 个省份（不包括港澳台地区）的农业生产函数，对农业部门的劳动产出弹性系数的检验结果显示，我国东中西部地区还存在剩余劳动力，因此仅从农民工工资增长角度认为我国已经全面进入劳动力短缺时代的看法有失偏颇。刘守英和章元（2014）利用国家统计局 7 万户抽样农户数据，对东中西部不同地区农户劳动投入的边际生产率进行测算。结果发现，2009～2012年东部地区劳动投入的边际生产率的增幅高达78.22%，而中西部地区农业劳动投入的边际生产率没有出现东部地区那么明显的上升，因此中西部地区可能还有一定的农业富余劳动力存量，而且正在向“刘易斯转折”逼近。

以上实证估算大多是沿用南亮进（2014）对日本刘易斯转折的研究，通过建立农业生产函数估算农业部门边际劳动率MPL，然后令农业部门生存工资W=MPL，估算出均衡劳动力，通过计算均衡劳动力与实际投入劳动力之差即可推算出剩余劳动力数量及其比例。该方法假设经济到达均衡劳动力时点的劳动产出弹性与所估算时点相同。但是现实经济中，经济到达均衡劳动力时点的劳动产出弹性应大于存在剩余劳动力时点的劳动产出弹性，因此可能造成对剩余劳动力的高估。将该方法用于我国剩余劳动力估算时，由于难以获得准确的第一产业就业数据，也会造成估算结果的偏差。因此，本章将沿用第3章对全国农村剩余劳动力的估算方法，采用“劳动定额法”对31个省份（不包括港澳台地区）和东部、中部、西部和东北部四大区域绝对剩余劳动力进行估算，并采用有监督的机器学习的AdaBoost算法对相对剩余劳动力进行估算。此外，由于缺乏宏观层面的连续年份的各省份层面的乡村就业人员受教育程度、年龄和性别等人力资本特征数据以及微观层面的各省份农业用工投入数据，为了减少估算误差，本章只对2015年分省份和分区域农村剩余劳动力进行估算。

4.2　估算方法和数据说明

本章对分省份和分区域农村剩余劳动力数量的估算原理和方法与第3章的全国农村剩余劳动力数量估算相同。为避免重复，本节只对不同之处进行说明。

第一步，估算31个省份乡村就业人员中纯农业、兼业和纯非农三种不同类型的劳动力数量。对分省份乡村就业人员的统计界定、使用微观数据以及有监督的机器学习的AdaBoost算法与3.2节和3.3节相同。此处不再赘述。

第二步，采用“劳动定额法”对各省份农业生产必需劳动力数量进行估算。其中各省份乡村就业人员数据来自2016年各省份的统计年鉴。各省份各类农产品单位播种面积或单位产量的用工数量以及相应的农产品播种面积或总产量来自2016年《全国农产品成本收益资料汇编》和《中国农村统计年鉴》。

与全国农村绝对剩余劳动力数量估算相同，由于2009年之后的《全国农产品成本收益资料汇编》不再汇报水产品的劳动用工情况，因此只估算了种植业、饲养业和畜牧业的农业必需劳动力工日。

第三步，获取各省份农业劳动力从事农业劳动时间的数据。与全国农村剩余劳动力估算相同，此处使用的劳动时间数据同样来自中国居民收入项目2013年的农村住户调查数据。但是笔者分析发现，CHIP2013中不同地区农业劳动力投入农业劳动时间存在较大差距。为了减少数据偏差，同时保证足够的样本数量，笔者将CHIP2013中的省份划分为东部地区、中部地区、西部地区和东北地区四个区域，并分别将其农业劳动力投入农业劳动工日作为各区域内省份计算农业劳动力投入的数据基础。

如表4-1所示，不同区域不同就业类型劳动力劳动时间配置差异较大。首先，四大区域纯农业劳动力投入农业劳动时间分别为201.2天、182.3天、254.7天和150.6天。其中，西部地区从事畜牧业生产的劳动力比例较高，因此需要投入的农业劳动时间更多。东北地区则由于农业规模化、机械化生产水平较高，需要投入的农业劳动时间最少。其次，从兼业劳动力的结果来看，东部地区劳动力合计劳动时间最长，达到290.5天，其中67.2%从事非农劳动，表明在经济发展水平更高的东部地区，农村劳动力从事非农就业的机会更多。最后，从外出从业时间来看，东部地区乡村就业人员中外出就业天数最高，为264天，中部地区和西部地区分别为243.9天和245.4天，东北地区最低，为204.9天，表明经济越发达的地区能够提供的外出就业时间越多，而东北地区由于气候和农业生产条件等因素的影响，外出就业工作时间较短。

表4-1 2013年CHIP数据中四大区域不同就业类型劳动力农业和非农劳动平均时间

单位：天

区域	纯农业	兼业			纯非农	外出
		农业劳动	非农劳动	合计		
东部地区	201.2	95.4	195.1	290.5	283.2	264.0
中部地区	182.3	112.4	165.6	278.0	259.8	243.9
西部地区	254.7	117.0	162.2	279.2	255.8	245.4
东北地区	150.6	94.1	166.6	260.7	258.1	204.9

注：此处的农业劳动时间指从事第一产业（即农林牧渔业）的时间；为了叙述方便，以下统称为农业从业时间。

第四步，估算绝对剩余劳动力的数量和比例。首先，将第三步获取的纯农业和兼业劳动力投入农业劳动时间分别乘以第一步估算的纯农业和兼业劳动力数量，获得纯农业和兼业投入总的农业劳动时间，并按照 270 个工作日折算为投入的农业劳动力数量。其次，将折算得到的投入农业劳动力数量减去第二步采用“劳动定额法”估算的农业必需劳动力数量，得到隐蔽性剩余劳动力数量和比例。再次，以 270 个工作日减去纯农业劳动力劳动时间，获得在以公开失业为表现形式的显性剩余劳动力数量和比例。最后，将隐蔽性剩余劳动力和显性剩余劳动力进行加总，得出绝对剩余劳动力数量和比例。

第五步，估算相对剩余劳动力数量和比例。首先，利用“流出地 2015”数据，建立基于农村劳动力纯农业、兼业、纯非农和外出就业的四分类就业选择的有监督的机器学习的 AdaBoost 算法。其次，选择与微观数据相对应的宏观数据变量，代入机器学习算法，分别预测出纯农业和兼业劳动力选择纯非农和外出就业的概率。其中各省份乡村劳动力的受教育程度、性别和年龄等个体特征数据来自各省份《2015 年 1% 抽样调查数据》。纯农业和兼业劳动力的家庭特征、地区特征和区域特征变量来自 2016 年的《中国统计年鉴》和《中国区域经济统计年鉴》。宏观数据变量中使用的三次产业 GDP 变量和邮政业务变量均采用 GDP 平减指数进行平减。纯农业和兼业劳动力的家庭特征、地区特征和区域特征变量根据“流出地 2015”中纯农业和兼业样本与三种就业类型样本均值的相对比例进行调整获得。最后，将预测概率乘以相对应的宏观数据中纯农业和兼业劳动力数量，加总得出相对剩余劳动力的数量和比例。

第六步，将各省份的乡村就业人员、绝对剩余劳动力和相对剩余劳动力数量按照四大区域进行加总，得到分区域的估算结果。根据国家统计局的区域划分标准，东部地区包括：北京、天津、河北、上海、江苏、浙江、福建、山东、广东和海南；中部地区包括：山西、安徽、江西、河南、湖北和湖南；西部地区包括：内蒙古、广西、重庆、四川、贵州、云南、西藏、陕西、甘肃、青海、宁夏和新疆；东北地区包括：辽宁、吉林和黑龙江。

4.3　两种剩余劳动力的估算结果及分析

4.3.1　乡村就业人员三种类型劳动力比例和数量的估算结果

估算分省份和分区域乡村就业人员中纯农业、兼业和纯非农劳动力的数量和比例，是估算绝对剩余劳动力和相对剩余劳动力的前提。分省份和分区域乡村就业人员中三种类型劳动力比例和数量的估算结果见表4－2。

从分省份的估算结果来看，乡村就业人员中纯农业和纯非农劳动力比例与经济发展水平呈高度相关性。首先，上海和北京的纯农业劳动力比例最低，分别为8.0%和8.3%，纯非农劳动力比例最高，分别为76.8%和77.5%，表明经济发展水平最高的两个直辖市的乡村就业人员基本已转移到纯非农就业中，只有极少数劳动力仍在从事纯农业生产。其次，纯农业劳动力比例由低到高排名第3～8位和第11位的省份分别为浙江、江苏、天津、广东、福建、山东以及河北，全部为经济发达的东部省份。其中，山东和河北作为农业人口大省和粮食主产区，纯非农劳动力占比相对较低，分别为39.3%和31.9%。最后，青海、云南、贵州、宁夏、西藏、新疆、内蒙古、甘肃等西部省份，以及辽宁、吉林和黑龙江等东北省份的纯农业就业比例均在50%以上，表明这些地区农村劳动力依然以从事农业生产为主。

从分区域的估算结果来看，不同区域的农村劳动力农业和非农配置差异较大。首先，纯农业劳动力比例由东到西呈递增态势。东部地区纯非农劳动力比例最低，为26.7%，中部地区和西部地区分别为39.2%和55.4%，东北地区最高，为70.3%。其次，四大区域兼业劳动力比例分别为26.7%、42%、27.2%和15.3%，中部地区最高，东北地区最低。这表明兼业是劳动力在本地纯非农就业机会不足或土地等农业生产要素稀缺情况下的过渡选择。随着经济发展水平和土地流转水平的提升，兼业劳动力将分化为纯农业或纯非农劳动力，从而提升农村劳动力从事农业或非农就业的比例。再次，东部地区的纯非农就业比例最高，为46.6%，中部地区、西部地区和东北地区的纯非农就业比例依次降低，表明我国不同区域农村劳动力资源配置存在较大差异，东部地区将近一半的农村劳动力已经完全脱离农业生产，而中部地区和西部地区纯非农就业比例则相对较低。最后，从不同就业类型乡村就业人员数量分布来看，西部地区纯农业劳动力数量最高，为6516万人，中部地区次之，为4102万人，东部地区和西部地区则分别为3148万人和2115万人，表明我国乡村就业人员中纯农业劳动力六成以上分布在中部地区和西部地区。四大区域兼业劳动力数量分别为3159万人、4396万人、3195万人和459万人，表明东部地区、中部地区和西部地区存在着数量可观的兼业劳动力，这些兼业劳动力构成向非农就业转移劳动力的主要来源。

表 4－2　2015 年分省份和分区域乡村就业人员比例和数量的估算结果

地区	乡村就业人员（万人）	比例			数量		
		纯农业（%）	兼业（%）	纯非农（%）	纯农业（万人）	兼业（万人）	纯非农（万人）
上海	201	8.0	15.2	76.8	16	31	155
北京	182	8.3	14.2	77.5	15	26	141
浙江	1230	15.9	23.7	60.3	196	292	742
江苏	1811	18.0	27.8	54.2	326	503	982
天津	169	19.3	26.4	54.3	33	45	92
广东	1909	21.2	23.1	55.7	405	441	1063
福建	794	25.5	28.6	45.8	203	227	364
山东	3029	32.2	28.6	39.3	975	866	1190
湖南	1949	36.3	42.7	21.0	707	832	409
江西	1291	37.2	43.2	19.6	480	558	253
河北	2255	38.9	29.2	31.9	877	658	719
河南	2747	39.3	40.1	20.7	1080	1102	569
湖北	1592	39.3	44.2	16.5	626	704	263
安徽	1932	41.8	42.5	15.7	808	821	303
山西	952	42.1	39.8	18.1	401	379	172
海南	230	44.4	30.6	25.1	102	70	58
重庆	703	46.5	27.9	25.7	327	196	181
广西	1455	48.2	30.7	21.1	701	447	307
四川	2849	48.9	27.3	23.7	1393	778	675
陕西	1051	49.8	29.7	20.5	523	312	215
青海	168	52.8	28.3	18.9	89	48	32
辽宁	1003	55.0	16.4	28.7	552	165	288
云南	1846	57.7	26.7	15.6	1065	493	288
贵州	1037	59.4	25.9	14.8	616	269	153
宁夏	177	61.7	29.2	9.0	109	52	16
西藏	157	65.2	20.8	14.0	102	33	22
新疆	726	65.7	26.0	8.3	477	189	60
内蒙古	655	69.6	24.9	5.6	456	163	37

续表

地区	乡村就业人员（万人）	比例			数量		
		纯农业（%）	兼业（%）	纯非农（%）	纯农业（万人）	兼业（万人）	纯非农（万人）
甘肃	937	70.2	22.9	6.9	658	215	65
吉林	918	71.2	16.5	12.3	654	152	113
黑龙江	1087	83.6	13.1	3.4	909	142	37
分区域	—	—	—	—	—	—	—
东部地区	11810	26.7	26.7	46.6	3148	3159	5505
中部地区	10463	39.2	42.0	18.8	4102	4396	1969
西部地区	11761	55.4	27.2	17.4	6516	3195	2051
东北地区	3008	70.3	15.3	14.6	2115	459	438

注：（1）分省份估算结果按照纯农业劳动力比例由低到高排序；（2）由于使用数据不同，本表的估算结果与全国估算结果略有差异。

4.3.2 绝对剩余劳动力的估算结果

笔者采用“劳动定额法”对农业必需劳动工日进行估算，首先假定2015年纯农业和兼业劳动力年投入农业劳动工日与CHIP2013相同，然后利用表4－2估算的纯农业和兼业劳动力数量估算绝对剩余劳动力数量和比例。为了更直观地表现劳动时间的大小，将估算的劳动时间按照270个工作日折算成劳动力数量。估算结果见表4－3。

从分省份的估算结果来看，首先，隐蔽性剩余劳动力的估算结果显示，北京、上海、广东、江苏、福建、海南、浙江和山东8个东部省份的隐蔽性剩余劳动力的数量和比例均为负值，其比例分别为－33.2%、－26%、－25.6%、－22.2%、－11.9%、－11.6%、－9.5%和－8.8%，表明这些省份农业生产必需投入的劳动力数量超过实际投入的农业劳动力数量。其原因可能在于本章估算的实际投入农业劳动力只包括省内农村地区投入的农业劳动力，不包括省内城镇地区投入的农业劳动力以及省外雇工。东部地区农业生产的规模化、机械化水平相对较高，农忙时期的农业雇工能够弥补本省农业劳动力投入的不足。重庆、内蒙古、新疆、陕西、辽宁、河北、天津、广西、河南、宁夏和湖南11省份的隐蔽性剩余劳动力比例均在20%以下，表明我国大部分省份的隐蔽性剩余劳动力数量和比例已经相当有限，这意味着农业劳动要素投入的回报率不断提升。青海、江西、四川、安徽、黑龙江和西藏地区的隐蔽性剩余劳动力比例均在 40% 以上，其中西藏的隐蔽性剩余劳动力比例最高，为 64.6%，表明这些省份的农业劳动力资源较为丰富，降低这些省份隐蔽性剩余劳动力数量对于提升农业劳动要素回报率具有重要意义。其次，绝对剩余劳动力的估算结果显示，北京、上海、广东和江苏的绝对剩余劳动力数量和比例均为负值，表明即便从绝对剩余劳动力角度看，这些地区也已经通过了剩余劳动力为零的刘易斯第一转折点。福建、海南、浙江、山东、重庆、新疆、陕西、广西、宁夏、内蒙古、贵州、河北、天津、甘肃 14 个省份的绝对剩余劳动力比例均在 30% 以下，表明我国大部分省份的绝对剩余劳动力比例都已经相对较低，接近或已经通过刘易斯第一转折点。青海、四川、山西、江西、吉林、安徽、黑龙江、西藏 8 个省份绝对剩余劳动力的比例均在 40% 以上，表明这些省份的农村剩余劳动力比例较高，可能尚未通过刘易斯第一转折点。

绝对剩余劳动力估算结果表明我国不同地区所处的刘易斯转折阶段不同，而分区域估算结果能够更直观地反映这种差异。首先，我国东部地区的隐蔽性剩余劳动力数量和比例分别为 -273 万人和 -7.9%，绝对剩余劳动力的数量和比例分别为 332 万人和 8.2%，表明即使以绝对剩余劳动力数量计算，我国东部地区整体也已通过刘易斯第一转折点，这与东部地区最先出现“民工荒”、非熟练劳动力工资水平不断上涨以及非技能工人持续短缺的现实一致。东部地区持续面临农业劳动力供求紧张的状况，将促进农业现代化、规模化经营水平提升，这不仅能促进农民增收，而且对于提高东部地区农业生产各项要素的回报率具有重要意义。其次，中部地区和西部地区的隐蔽性剩余劳动力和绝对剩余劳动力的数量和比例均相对较高，表明中部地区和西部地区尚未通过剩余劳动力为零的刘易斯第一转折点。另外，重庆、新疆、陕西、广西、宁夏、内蒙古、河南、湖南、湖北等中西部省份的隐蔽性剩余劳动力和绝对剩余劳动力数量和比例都相对较低，而青海、四川、江西、山西、西藏等中西部省份的隐蔽性剩余劳动力和绝对剩余劳动力数量和比例则相对较高。表明即使在中西部区域内部，不同省份所处的刘易斯转折阶段也有所不同，这要求根据当地农业生产特点和经济制度差异制定政策，推动乡村就业人员实现高质量充分就业。最后，东北地区的绝对剩余劳动力比例最高，一方面可能是受气候、地理位置和农业生产条件等因素的影响，东北地区农业劳动投入时间相对较短，导致显性剩余劳动力数量偏高；另一方面则可能是由于近年来东北地区经济增长缓慢，能够创造的本地非农就业机会相对较少，从而使农村剩余劳动力转移速度相对较慢。

表 4-3 2015 年分省份和分区域绝对剩余劳动力的估算结果

地区	农业必需劳动力数量（万人）	投入农业生产劳动力数量			隐蔽性剩余劳动力		显性剩余劳动力数量（万人）	绝对剩余劳动力	
		纯农（万人）	兼业（万人）	合计（万人）	数量（万人）	比例（%）		数量（万人）	比例（%）
北京	27	11	9	20	-7	-33.2	3	-4	-16.8
上海	29	12	11	23	-6	-26	3	-3	-11.2
广东	575	302	156	458	-117	-25.6	77	-40	-7.5
江苏	514	243	178	421	-93	-22.2	62	-31	-6.5
福建	259	151	80	231	-28	-11.9	39	11	4.1
海南	112	76	25	101	-12	-11.6	19	8	6.4
浙江	257	132	103	235	-22	-9.5	43	21	7.5
山东	1123	727	306	1032	-91	-8.8	185	95	7.8
重庆	374	308	85	393	19	4.9	17	37	8.9
新疆	499	450	82	532	33	6.2	26	58	10.5
陕西	565	493	135	629	64	10.2	28	92	14.0
广西	724	661	194	855	131	15.3	37	168	18.8
宁夏	104	103	23	125	22	17.2	6	27	20.8
内蒙古	356	308	68	376	20	5.6	100	99	20.9
贵州	550	581	117	698	147	21.1	33	180	24.7
河北	789	654	232	886	97	10.9	167	263	25.0
天津	35	25	16	40	6	14.1	6	12	25.6
甘肃	539	621	93	714	175	24.5	35	210	28.1
河南	997	729	459	1188	191	16.1	237	428	30.0
湖南	668	477	346	824	156	18.9	155	311	31.8
湖北	563	423	293	716	153	21.3	137	290	34.0
辽宁	328	308	58	365	37	10.2	136	173	34.6
云南	820	1005	214	1218	398	32.7	57	455	35.7
青海	62	84	21	105	43	40.7	5	47	43.3
四川	947	1314	337	1651	704	42.6	75	779	45.1
山西	266	271	158	428	162	37.9	88	250	48.5

续表

地区	农业必需劳动力数量（万人）	投入农业生产劳动力数量			隐蔽性剩余劳动力		显性剩余劳动力数量（万人）	绝对剩余劳动力	
		纯农（万人）	兼业（万人）	合计（万人）	数量（万人）	比例（%）		数量（万人）	比例（%）
江西	324	324	232	556	233	41.8	105	338	51.1
吉林	276	365	53	418	142	33.9	161	303	52.3
安徽	474	545	311	857	382	44.6	177	560	54.1
黑龙江	284	507	49	556	272	48.9	224	496	63.6
西藏	39	96	14	111	71	64.6	5	77	66.3
分区域	—	—	—	—	—	—	—	—	—
东部地区	3720	2333	1116	3447	-273	-7.9	604	332	8.2
中部地区	3292	2769	1799	4569	1277	27.9	899	2177	39.8
西部地区	5579	6024	1383	7407	1827	24.7	424	2229	28.5
东北地区	888	1180	160	1339	451	33.7	521	972	52.3

注：（1）农业必需劳动工日估算中，由于缺少相应的数据，谷子和其他谷物的每亩用工数量以高粱的每亩用工数量代替；芝麻、胡麻籽和向日葵的每亩用工数量由花生和油菜籽每亩用工数量的平均值代替；其他农作物的每亩用工数量由已知农作物每亩用工数量的算术平均值代替；大牲畜的单位用工数量由牛的单位用工数量代替；（2）分省份估算结果按照绝对剩余劳动力比例由低到高排序；（3）由于数据来源不同，本表的估算结果与全国估算结果略有差异；（4）1 亩 = 666.667 平方米。

资料来源：2016 年《全国农产品成本收益资料汇编》《中国统计年鉴》和《中国农村统计年鉴》。

4.3.3 相对剩余劳动力的估算结果

笔者将基于劳动力个体非农就业意愿，农业劳动力中具有非农就业转移潜力的劳动力称为相对剩余劳动力。采用基于劳动力就业类型四分类选择的有监督的机器学习的 AdaBoost 算法，对 2015 年分省份和分区域的相对剩余劳动力数量进行估算。估算结果见表 4-4。

表 4－4　　2015 年分省份和分区域相对剩余劳动力的估算结果

地区	纯农业相对剩余劳动力		兼业相对剩余劳动力		合计相对剩余劳动力		向纯非农转移数量（万人）	向外出转移数量（万人）
	数量（万人）	比例（%）	数量（万人）	比例（%）	数量（万人）	比例（%）		
黑龙江	53	5.8	12	8.7	65	6.2	39	27
吉林	71	10.8	28	18.5	99	12.3	59	40
西藏	9	8.5	14	42.8	23	17.0	14	9
辽宁	78	14.1	54	32.9	132	18.4	78	54
甘肃	108	16.4	76	35.3	184	21.0	109	75
新疆	75	15.7	72	38.2	147	22.0	87	60
宁夏	18	16.8	18	35.3	37	23.0	22	15
贵州	110	17.9	105	39.0	215	24.0	128	88
陕西	84	16.1	122	39.1	206	25.0	122	84
山西	75	18.8	126	33.2	201	25.8	120	82
四川	299	21.5	283	36.4	583	27.0	345	238
云南	223	20.9	197	40.0	420	27.0	249	171
青海	18	20.3	18	38.2	36	27.0	21	15
河南	218	20.2	388	35.2	605	27.7	358	247
重庆	64	19.7	80	40.7	144	28.0	85	59
湖北	131	20.9	244	34.6	374	28.1	221	153
内蒙古	108	23.7	68	41.6	176	28.4	104	71
安徽	174	21.5	289	35.2	463	28.4	274	189
湖南	156	22.1	304	36.5	460	29.9	272	188
江西	111	23.1	202	36.2	313	30.2	185	128
广西	223	31.8	213	47.6	436	38.0	257	178
江苏	136	26.8	268	53.3	404	40.0	238	165
河北	277	31.6	345	52.5	622	40.6	369	254
山东	292	29.9	456	52.6	748	40.6	442	305
海南	40	39.2	38	54.6	78	45.5	46	32
福建	71	34.9	129	56.8	200	46.4	118	81
天津	11	32.9	27	59.3	38	48.1	22	16

续表

地区	纯农业相对剩余劳动力		兼业相对剩余劳动力		合计相对剩余劳动力		向纯非农转移数量（万人）	向外出转移数量（万人）
	数量（万人）	比例（%）	数量（万人）	比例（%）	数量（万人）	比例（%）		
广东	154	38.1	267	60.6	421	49.8	249	172
浙江	79	36.1	180	61.8	259	50.7	153	106
北京	8	52.6	19	71.6	27	64.6	15	11
上海	9	55.8	23	73.1	32	67.2	19	13
分区域	—	—	—	—	—	—	—	—
东部地区	1077	32.1	1751	55.4	2828	43.4	1673	1155
中部地区	865	21.1	1552	35.3	2417	28.4	1430	987
西部地区	1117	17.1	1054	33.0	2171	22.4	1285	885
东北地区	202	9.5	95	20.7	297	11.5	176	121

注：（1）分省份估算结果按照相对剩余劳动力比例由低到高排序；（2）由于数据来源不同，本表的估算结果与全国估算结果略有差异。

从分省份的估算结果来看，首先，上海和北京的纯农业劳动力的相对剩余劳动力比例最高，分别为 55.8% 和 52.6%，表明这两个直辖市一半以上的纯农业劳动力具有向本地纯非农和外出就业转移的潜力。浙江、广东、天津、福建、河北、山东等东部省份的纯农业劳动力的相对剩余劳动力比例较高，在 30% ~50%。云南、青海、宁夏、陕西、江西等中西部地区纯农业劳动力的相对剩余劳动力比例在 18% ~30%。辽宁、吉林和黑龙江的纯农业劳动力的相对剩余劳动力比例最低，分别为 14.1%、10.8% 和 5.8%。其次，兼业劳动力和合计相对剩余劳动力比例的分省份估算结果也表现出与纯农业相对剩余劳动力比例相同的规律，即经济发展水平越高的东部地区，相对剩余劳动力的比例越高，而经济发展水平相对较低的中西部地区和东北地区，相对剩余劳动力的比例较低。这一规律与上文估算的绝对剩余劳动力的比例恰好相反。这主要是由于二者定义不同，绝对剩余劳动力是从宏观总体层面，农业生产投入劳动力数量超过农业生产必需劳动力数量的角度来衡量的，而相对剩余劳动力则是从微观个体层面，在考虑劳动者个体人力资本特征、家庭特征、地区经济和交通通信等因素的基础上，从劳动力个体从事不同类型就业的比较成本收益的角度来衡量。对于绝对剩余劳动力的估算来说，一个地区经济发展水平越高、农业生产的规模化和机械化水平越高，农业生产投入的劳动力数量越少，所估算的绝对剩余劳动力比例越低；而对于相对剩余劳动力的估算来说，一个地区经济发展水平越高、交通通信条件越好，农业劳动力向非农就业转移的就业机会越多、相对收益水平越高，所估算的相对剩余劳动力比例越高。因此，绝对剩余劳动力的比例与经济发展水平成反比，相对剩余劳动力比例与经济发展水平成正比。最后，合计相对剩余劳动力数量排名前十的省份分别为山东、河北、河南、四川、安徽、湖南、广西、广东、云南和江苏，占全部相对剩余劳动力数量的 63.4%，表明这些省份是我国农业劳动力向非农部门转移潜力相对较强的地区。

从分区域的相对剩余劳动力数量分布来看，首先，东部地区相对剩余劳动力数量和比例分别为 2828 万人和 43.4%，表明东部农村地区具有相当数量的相对剩余劳动力。但是结合东部地区绝对剩余劳动力估算结果（见表 4－3）可知，如果继续促进这部分劳动力向非农部门转移，那么东部地区将面临严重的农业劳动力投入不足的状况。中部地区和西部地区相对剩余劳动力数量分别为 2417 万人和 2171 万人，比例分别为 28.4% 和 22.4%，结合绝对剩余劳动力估算结果可知，中西部地区相对剩余劳动力和绝对劳动力数量和比例均相对较高，且二者数量大致持平。这意味着如果能够在年龄较轻、受教育程度较高的相对剩余劳动力转出后，促使年龄较高、受教育程度较低的绝对剩余劳动力增加农业生产时间，那么将实现农业部门和非农部门劳动力的平稳转换。东北地区相对剩余劳动力的数量和比例分别为 297 万人和 11.5%，结合绝对剩余劳动力的估算结果可知，东北地区绝对剩余劳动力数量高于相对剩余劳动力数量。这意味着虽然农村地区存在剩余劳动力，但是受当地农业生产土地要素丰富、气候寒冷以及本地非农产业发展不足等因素的影响，当地农村劳动力的非农就业意愿较低，并不具有较强的非农就业转移潜力。其次，从相对剩余劳动力的来源来看，四大区域从兼业劳动力转移出来的相对剩余劳动力比例均高于从纯农业劳动力转移出来的比例，表明年龄相对较轻、受教育程度相对较高且具有一定非农从业经验的兼业劳动力向非农部门就业的转移潜力高于纯农业劳动力，促进兼业劳动力向非农部门转移是推动农村剩余劳动力转移的主要方式。最后，从相对剩余劳动力转移方向上看，四大区域向本地纯非农就业的转移数量均大于向外出就业的转移数量，表明农村当地或小城镇地区对剩余劳动力的吸纳能力较强，而向外出就业的转移潜力相对较弱。这与我国近年来外出农民工数量增速下降，并出现农民工“返乡潮”“回流潮”等现象一致。一方面是由于我国城镇地区对于农民工的“掐尖式”用人方式，导致年龄较大的农业劳动力向非农部门转移的潜力不断下降；另一方面则是由于小城镇和农村地区非农产业的发展，为农业劳动力向本地非农部门转移提供了就业机会。

4.4　小　　结

为了验证大国经济下，我国不同地区所处刘易斯转折阶段的差异，本章利用“流出地2015”、CHIP2013等微观调查数据，以及分省份《2015年1%人口抽样调查数据》等宏观层面数据，采用“劳动定额法”和有监督的机器学习的AdaBoost算法，分别对2015年31个省份和四个地区的农村绝对剩余劳动力和相对剩余劳动力状况进行估算。结果如下。

第一，不同区域所处的刘易斯转折阶段不同。其中东部地区大部分省份的隐蔽性剩余劳动力和绝对剩余劳动力数量和比例均已很低，因而判断我国东部地区已经从总体上通过了刘易斯第一转折点。中部地区、西部地区和东北地区仍然存在一定数量的绝对剩余劳动力，因此可能尚未跨越刘易斯第一转折点。

第二，中部地区和西部区域内不同省份所处的刘易斯转折阶段也存在差异。重庆、新疆、陕西、广西、宁夏、内蒙古、河南、湖南、湖北等中西部省份的隐蔽性剩余劳动力和绝对剩余劳动力数量和比例都相对较低，而青海、四川、江西、山西、西藏等中西部省份则相对较高。这要求对于刘易斯转折阶段的分析应当考虑省份差异，不能从区域层面一概而论。

第三，绝对剩余劳动力比例和相对剩余劳动力比例与经济发展水平之间相关性的差异，为我国2004年以来东部地区“民工荒”和中西部地区劳动力剩余的“悖论”提供了解释。一方面，绝对剩余劳动力比例与经济发展水平负相关，表明农村地区的绝对剩余劳动力主要分布于中西部地区。另一方面，相对剩余劳动力与经济发展水平正相关，表明具有向非农就业转移潜力的农业劳动力主要分布于经济发达的东部省份。因此，当东部地区经济率先发展起来之后，绝对剩余劳动力数量减少，造成农业部门和非农部门劳动力紧张状况并存。而西部地区绝对剩余劳动力数量较多，但是能够向非农部门转移的相对剩余劳动力则较少，同时随着农业劳动力年龄的增长，外出就业转移潜力下降，因此出现农业剩余劳动力难以转出的状况。随着全国经济发展水平的普遍提高，劳动力市场供求条件、交通通信条件、户籍制度等经济政策环境不断变化，“民工荒”现象蔓延全国，导致非熟练劳动力市场供求状态发生逆转，最终将形成全国统一的劳动力市场。

第四，不同区域在跨部门劳动力配置中面临的问题具有异质性。随着经济到达刘易斯第一转折点，东部地区面临农业劳动力和非农部门非熟练劳动力双重短缺的问题。中部地区和西部地区绝对剩余劳动力数量和相对剩余劳动力数量大致持平，如果能够在促进相对剩余劳动力转出的同时，增加绝对剩余劳动力的农业劳动时间，那么将实现两个部门劳动力的平稳转换。东北地区绝对剩余劳动力比例较高，而相对剩余劳动力比例较低，考虑到当地气候条件、农业生产特点和非农产业发展现状，增加农业部门比较收益和促进农民增收，对于促进经济发展和社会稳定具有重要意义。总体来看，随着非熟练劳动力市场供求关系发生逆转、产业结构调整和经济动能转换导致经济增速放缓，我国各区域面临的经济冲击和挑战将日益严峻，促进劳动力市场一体化发展和非熟练劳动力增收，是实现经济可持续发展的必然要求。

第5章　六种农产品劳动产出弹性的估算：1980～2019

5.1　引　　言

基于“劳动定额法”的绝对剩余劳动力的估算，能够判断所估算年份是否已经通过刘易斯第一转折点，但是不能确切地得出通过刘易斯第一转折点的时间。根据刘易斯－费景汉－拉尼斯模型，农业部门劳动边际生产率“由负转正”是经济通过刘易斯第一转折点的标志。农业部门劳动边际生产率与农业部门工资相等，是经济通过刘易斯第二转折点的标志。因此，估算农业部门劳动边际生产率，并与农业部门工资进行比较，不仅能如实反映转折点理论，而且是确定转折点时最为严密的判定标准（南亮进，2014）。南亮进（2014）对日本、白暮凯（Bai Moo－Ki，1982）和金昌男（Kim Chang－Nam，2014）对韩国以及李月（2008、2009）对我国台湾地区刘易斯转折的判断，都是根据此标准进行的。

学者们也尝试利用该标准对我国经济的刘易斯转折进行判断。王美艳（2010）利用全国农产品成本收益调查数据，估算1980～2009年14个省份粳稻的劳动产出弹性，发现2004年前后粳稻的劳动产出弹性发生了较大变化，并以此作为2004年我国通过刘易斯转折的经验证据。南亮进和马欣欣（2014）利用1993～2008年31个省份（不包括港澳台地区）的数据对中国农业生产函数进行估算，发现劳动生产弹性呈上升趋势，1993～1997年、1998～2002年和2003～2008年这三个时期劳动生产弹性分别为0.188、0.369和0.431，但是劳动边际生产率低于生存工资水平，因此认为我国还存在剩余劳动力。岳龙华和杨仕元（2016）利用类似的方法对1990～2009年31个省份（不包括港澳台地区）的数据进行研究后发现，农业部门劳动边际生产率大于零但是远低于生存工资水平，因此认为我国已经通过了刘易斯第一转折点，但是尚未达到刘易斯第二转折点。

以上研究为我国经济刘易斯转折的判断提供了经验证据，但是由于难以获得准确的农业部门劳动力投入数据，以及对于样本期划分存在主观性等问题，不能准确判断我国经济通过刘易斯转折的年份。为了解决以上问题，笔者对判断方法进行以下改进。一是在数据来源上，选取《全国农产品成本收益资料汇编》数据对农产品劳动产出弹性进行估算。该数据调查始于 1953 年，截止到 2024 年已形成覆盖全国 31 个省份（不包括港澳台地区）、312 个地市、1553 个调查县、6 万户调查户的农产品成本调查网络，是考察省级农户层面农业投入产出的一手资料（黄宗智等，2012）。该数据详细汇报了每亩农产品产量以及劳动、土地、机械、化肥、种子等资本要素投入指标，能够准确地反映农产品生产的投入产出情况。[①] 二是在研究对象上，不仅选取了粳稻、小麦和玉米三种粮食作物，而且选择了大豆、油菜籽和棉花三种经济作物进行对比分析，这六种农产品的播种面积占我国农产品总播种面积的 60% 以上，能够较好地代表我国农业生产状况。三是在实证方法上，为了获知准确的劳动边际生产率由正转负的年份，构建超越对数生产函数对劳动产出弹性进行估算。同时，为了解决超越对数生产函数由于加入解释变量的二次项和交叉项所导致的多重共线性问题，采用岭回归方法对模型进行估计。本书基于农业部门劳动边际生产率对刘易斯转折的判断分为两章：第 5 章是对六种农产品的劳动产出弹性的估算；第 6 章是在利用劳动产出弹性计算六种农产品劳动边际生产率的基础上，参考南亮进（2014）对日本刘易斯转折判断的 Minami 标准，对我国经济的刘易斯转折进行判断。

5.2 六种农产品生产要素投入的数据分析

根据速水佑次郎和拉坦（2000）的诱致性技术变迁理论，农业技术倾向于节约相对稀缺的生产要素，而更集约地使用相对充裕的生产要素，这意味着生产要素禀赋变化与技术变迁方向之间存在互动关系，即由生产要素相对稀缺性导致的相对价格变化，会导致农业技术的变化。反之则说明，通过观察六种农产品劳动、资本、土地等生产要素投入的变化，可以反映我国农业生产要素

① 1 亩 = 666.667 平方米。

相对稀缺性和技术变迁方向。一般来说，随着二元经济的转型，农村剩余劳动力不断向非农部门转移，农业部门劳动力要素由过剩转向短缺，农业技术会向着节约劳动、增加资本和土地的方向转变。

5.2.1　劳动投入

笔者采用每亩用工数量考察六种农产品的劳动投入变化情况。如图 5 -1 所示，1990 年以来，六种农产品生产的劳动投入量均呈下降趋势。从下降速度来看，1997 ~ 2010 年，六种农产品劳动投入量年均下降速度的均值为 -5.5%，高于 1985 ~ 1996 年的 -0.9%。1997 年之后，劳动投入量下降速度明显加快，表明农业生产中表现出明显的劳动节约型倾向。2011 ~ 2022 年，六种农产品劳动投入年均下降速度的均值为 -4.4%，略低于 1997 ~ 2010 年的水平，表明劳动力投入量下降速度开始变缓。此外，六种农产品的劳动投入量表现出由扩散到趋同的变动特征。2022 年六种农产品的劳动投入量依次为 4.44 天、3.54 天、4.54 天、2.25 天、5.68 天和 8.17 天，除了棉花的劳动投入量略高以外，其他五种农产品的劳动投入量高度相近，进一步证明劳动要素在农业生产中变得稀缺，具有不同生产特性和要素替代弹性的农产品，在生产过程中都将劳动投入量压到极低水平。结合劳动投入量下降速度放缓这一情况可以预计，在当前技术水平和土地规模下，小农户很难进一步减少劳动投入量。

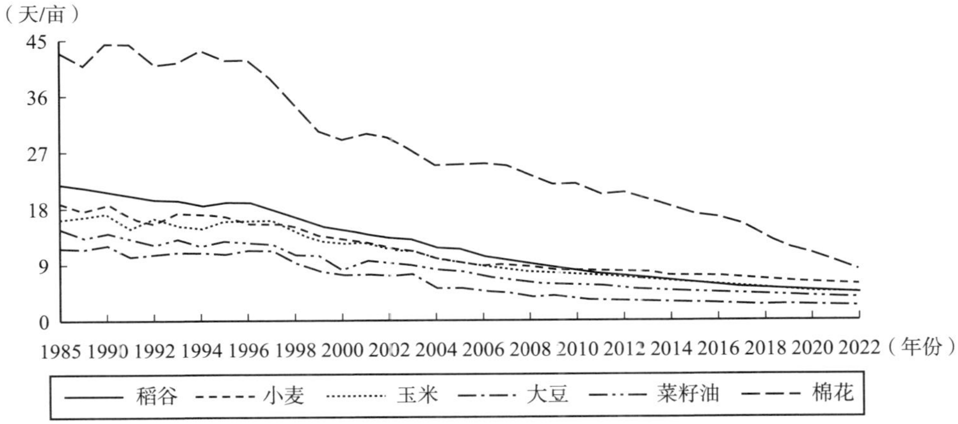

图 5 -1　1985 ~ 2022 年六种农产品每亩用工数量

注：每亩用工数量 = 家庭用工天数 + 雇工天数。
资料来源：历年《全国农产品成本收益资料汇编》。

5.2.2 资本投入

笔者将每亩物质与服务费用作为反映农产品资本投入的指标。如图5－2所示，1990年之后，不同农产品的资本投入量基本呈上升趋势，但是上升速度各不相同。其中，稻谷、小麦、玉米三种粮食作物的资本投入量在2010年前后表现出明显的上升趋势。棉花的资本投入量在2016年之后进入明显的上升区间。大豆和油菜籽的资本投入量在2002年出现短暂下降后，在2014年进入上升区间。此外，与劳动投入量由扩散到趋同的变动趋势不同，资本投入量呈现出由趋同到扩散的变动趋势。这主要是由于在经济发展初期，农业生产投入以劳动为主，资本投入量相对较少。而随着经济发展水平的提高和农村劳动力向非农部门的转移，要素相对价格发生变化，农业技术向着节约劳动而增加资本的方向转变。2022年，六种农产品的资本投入量依次为68.9元、47.4元、40.8元、27.6元、30.5元和71.4元。其中大豆和油菜籽的资本投入量最低，小麦和玉米次之，稻谷和棉花的资本投入量最高，表明由于农产品的生产特性差异，不同农产品投入的资本数量差异较大。

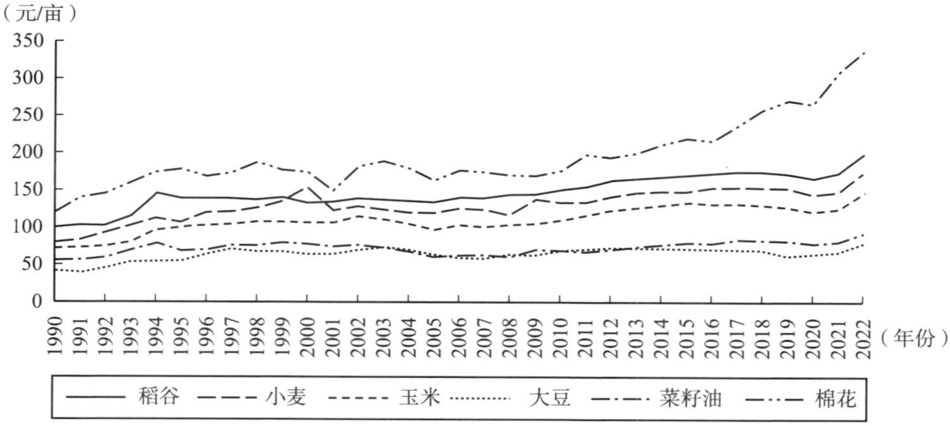

图5－2 1990～2022年六种农产品每亩物质与服务费用

注：（1）物质与服务费用是指在直接生产过程中消耗的各种农业生产资料的费用、购买各项服务的支出以及与生产相关的其他实物或现金支出，包括直接费用和间接费用两部分，直接费用包括种子费、化肥费、农药费、机械作业费、排灌费、畜力费、燃料动力费、技术服务费、工具材料费和修理维护费等；间接费用包括固定资产折旧、税金、保险费、管理费、财务费和销售费等；（2）由于农业税金在2002年和2003年出现激增，并在2006年农业税改革后被取消，为了降低政策变化带来的波动，物质与服务费用中不包含税金指标；（3）为了消除价格因素的影响，以1990年为基期，利用农业生产资料价格指数进行平减。

资料来源：历年《全国农产品成本收益资料汇编》。

与种子、化肥、农药等资本投入指标相比，机械作业投入更能直接反映资本对劳动的替代。因此，笔者引入了每亩机械作业费指标，进一步考察农产品生产中资本对劳动的替代情况。如图5－3所示，2004年之后，六种农产品的每亩机械作业费呈明显的上升趋势。到2016年前后，除油菜籽和棉花以外，其他四种农产品的机械作业费基本达到峰值。这表明2004～2016年是我国农业生产机械化快速发展的时期，同时也是农业劳动力快速转出和农业生产劳动投入量快速下降的时期，反映出农业生产中明显的资本替代劳动的特征。2016年之后，稻谷、小麦、玉米和大豆的每亩机械作业费呈波动上升趋势，表明在当前技术水平和土地经营规模下，这些农产品生产中机械对于劳动的替代潜力已经相当有限。2016年之后，棉花和油菜籽的每亩机械作业费依然保持上升趋势，而且这两种农产品的每亩用工数量也明显高于其他四种农产品（见图5－1），表明随着新机械的发明和使用，这两种农产品机械对劳动的替代潜力依然较高。

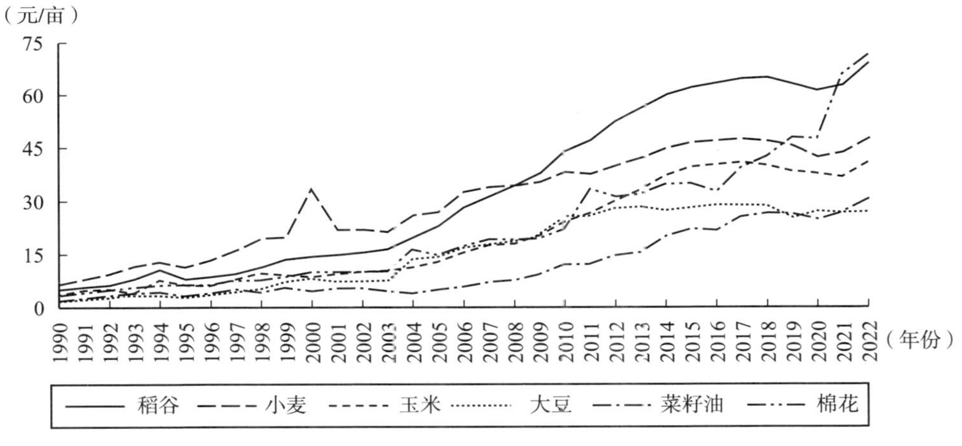

图5－3　1990～2022年六种农产品每亩机械作业费

注：为了消除价格变化的影响，以1990年为基期，采用机械化农具生产资料价格指数进行平减。
资料来源：历年《全国农产品成本收益资料汇编》。

为了进一步说明改革开放以来全国农业生产中机械投入的变化，笔者考察了1980年以来我国农业机械总动力的变化情况。如图5－4所示，首先，农业机械总动力从1991年开始上涨，到2015年达到峰值，2016年之后呈波动上升趋势，表明在现有技术条件下，粳稻、小麦、玉米、大豆等主要农产品的机械对于劳动的替代弹性已经相对较低。随着农业技术进步以及油菜籽和棉花等农产品的机械化程度的提高，机械对于劳动的替代弹性可能进一步增强。其次，将小型拖拉机与大中型拖拉机数量进行比较可以发现，小型拖拉机数量从1980年开始进入上升区间，并在2011年达到峰值之后呈波动下降趋势，而大中型拖拉机数量从2004年开始进入明显的上升区间，并在2017年达到峰值后呈波动下降趋势。蔡昉和王美艳（2016）将大中型拖拉机及其配套农具视为劳动节约型技术，将小型拖拉机及其配套农具视为劳动使用型技术。据此可知，2004之后农业生产中出现了明显的机械对于劳动的替代，进一步表明从这一时期开始，农业部门劳动力紧张，农业生产技术向着节约劳动的方向转变。

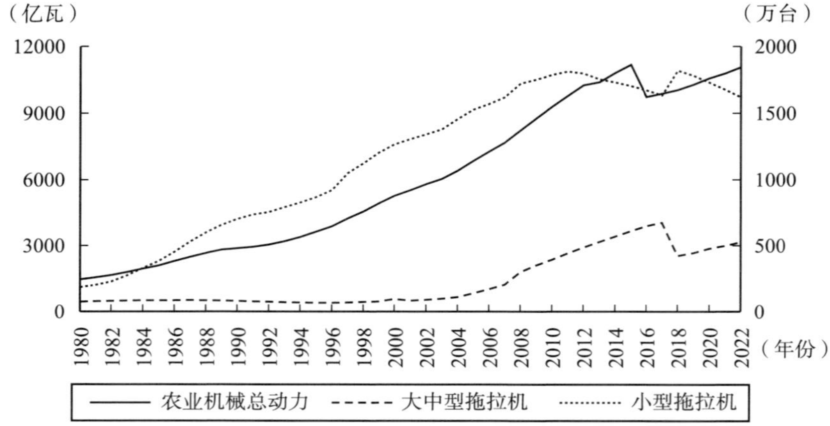

图5-4 1980~2022年全国农业机械总动力

资料来源：历年《中国统计年鉴》。

5.2.3 资本劳动比

笔者将每亩物质与服务费用除以每亩用工数量，得到资本劳动比指标，考察六种农产品生产技术的变化。如图5-5所示，六种农产品的资本劳动比都呈上升趋势，但是由于生产特性的差异，不同农产品资本劳动比上升的时间点不同。其中，粳稻、小麦、玉米和大豆四种农产品的资本劳动比从2004年开始进入明显的上升区间，油菜籽和棉花从2010年开始呈现明显的上升趋势，棉花则从2016年进入加速上升区间。此外，六种农产品的资本劳动比总体上呈现由趋同到扩散再到趋同的变动趋势。在经济发展初期，农业生产中劳动要素充裕而资本稀缺，农业部门呈现出劳动密集型的生产特征。随着农业技术水平的提高和剩余劳动力数量的下降，农业部门资本投入量开始增加，但是由于生产特征的差异，不同农产品资本对于劳动的替代速度不同，因此劳动资本比表现出扩散特征。随着经济发展水平的提高和农业剩余劳动力的进一步转出，主要农产品的资本密集度已经达到相当高的水平。在当前技术水平和要素条件下，资本对于劳动的替代弹性已经相对较低，资本劳动比再次呈现收敛特征。

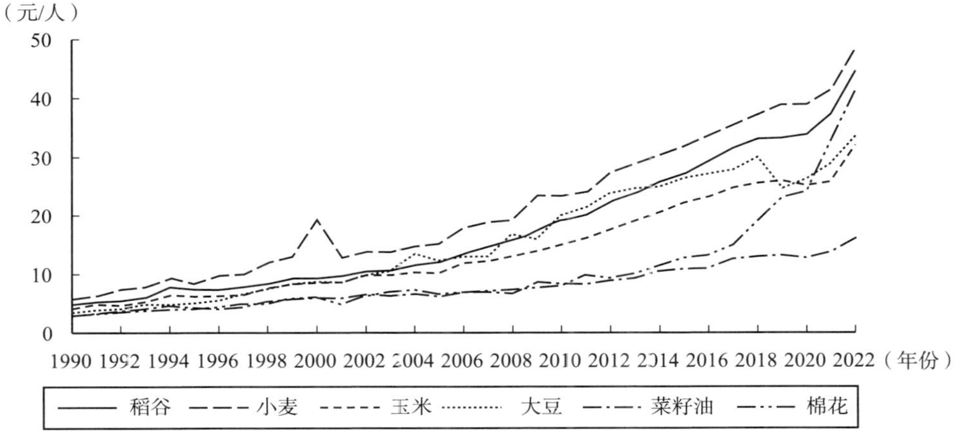

图5－5　1990～2022年六种农产品资本－劳动比

资料来源：历年《全国农产品成本收益资料汇编》。

5.2.4　土地投入

笔者采用户均土地面积和家庭承包耕地流转比例两个指标考察农户生产中的土地投入变化。如图5－6所示，得益于农村第一产业劳动力数量的下降，农村劳均耕地面积在2003年达到最低值之后，呈现显著的上升趋势。随着二元结构转型的推进和农业剩余劳动力的转出，农业生产对土地规模性经营的需求增强，农户耕地规模开始增加。但是在家庭承包联产责任制度下，产权层面的农户耕地规模调整空间有限，家庭耕地面积的调整主要是通过土地流转实现的。如图5－6所示，家庭承包耕地流转比例从2007年开始进入上升区间。2007～2017年，家庭承包耕地流转比例从5.24%上升到36.97%，平均每年增加3.17个百分点，这一时期恰好是农业剩余劳动力快速转出和经济快速增长时期。家庭承包耕地流转比例在2017年达到峰值之后，呈现波动下降趋势，表明在当前制度框架和农业生产技术水平下，土地流转释放的农业生产力提升和农业部门增收潜力已经相当有限。预计随着农业剩余劳动力的进一步转出和农业从业人员老龄化程度的提升，土地流转比例将进一步增加。

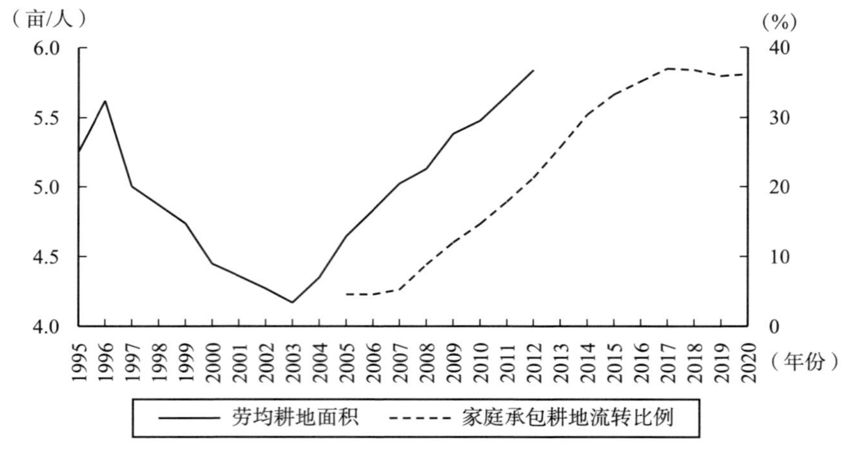

图 5-6　1995～2020 年农村劳均耕地面积及家庭承包耕地流转比例

注：(1) 劳均耕地面积采用农村人均耕地面积乘以乡村人口数再除以第一产业就业人员数计算得到；(2)《中国农村统计年鉴》从 2013 年之后便不再汇报人均耕地面积指标，因此劳动耕地面积只计算到 2012 年。

资料来源：历年《中国农村统计年鉴》和《中国农村经营管理统计年报》。

总之，通过以上分析可以发现，我国农业生产要素投入和技术进步方向在 2004 年之后发生了质的变化，即农业生产中劳动要素变得相对稀缺，资本要素投入显著增加，土地规模也开始出现大幅度调整。这虽然不能作为我国在 2004 年通过刘易斯第一转折点的充分条件，但是至少说明经济发展初期，大量劳动力集聚在农业部门的情况已经不复存在。随着二元经济的转型，农业部门生产要素配置已经发生了质变，农业劳动力开始变得短缺，农业技术进步向着劳动节约型的方向发展。

5.3　超越对数生产函数与岭回归估计方法

5.3.1　超越对数生产函数的设定

为了估算六种农产品的劳动产出弹性，首先需要建立农业生产函数。与通常使用的柯布·道格拉斯（Cobb－Douglas）规模报酬不变生产函数和 CES 生产函数等不变弹性生产函数相比，超越对数生产函数具有变弹性且不需要对生产要素之间的替代弹性做出前提假设等优点（Christensen et al.，1973）。因此，笔者构建超越对数生产函数，如式（5－1）所示：

$$\begin{aligned} LnY_{it} = {} & \beta_0 + \beta_l LnL_{it} + \beta_{ll}(LnL_{it})^2 + \beta_{lk} LnL_{it} LnK_{it} + \beta_{lt} LnL_{it} \times T_{it} + \\ & \beta_k LnK_{it} + \beta_{kk}(LnK_{it})^2 + \beta_{kt} LnK_{it} \times T_{it} + \beta_t T_{it} + \beta_{tt} T_{it}^2 + \\ & \gamma_r Rain_{it} + \gamma_s Sun_{it} + \gamma_t Temp_{it} + \sum \delta_i Prov_{it} + \varepsilon_{it} \end{aligned} \quad (5-1)$$

其中，Y 表示农产品产量，L 表示劳动投入量，K 表示资本投入量，T 表示时间趋势项，ε 表示随机误差项，i 表示省份，t 表示时间。由于实证研究关注的农产品投入产出时间较长，气候变化将会对农产品产量产生重要影响，因此参考黄维等（2010）、张涛（2018）的研究，加入降水量（Rain）、日照时数（Sun）、平均气温（Temp）三个气候变量对模型进行控制。此外，为了控制省份差异的影响，加入省份虚拟变量（Prov）。

根据式（5－1）的估计结果，得出劳动产出弹性 σ_L 的计算公式如（5－2）所示：

$$\sigma_L = \beta_l + 2\beta_{ll} lnL_{it} + \beta_{lk} lnK_{it} + \beta_{lt} T_{it} \quad (5-2)$$

5.3.2　岭回归估计方法

式（5－1）中加入劳动、资本和时间的二次项和交叉项，会造成严重的多重共线性问题。此时运用传统的普通最小二乘估计（OLS），行列式 $|XX'|$ 的值将趋近于 0，因此不能准确地求出逆矩阵 $(XX')^{-1}$。对此，本章采用岭回归分析方法来解决这一问题。岭回归是专门用于共线性数据分析的回归方法，它通过在 XX' 的基础上增加一个正的常数矩阵 λI，以损失部分信息来寻求效果稍差但更符合实际的回归方法。其表达式如式（5－3）所示：

$$\hat{\beta}(\lambda) = (XX' + \lambda I)^{-1} X'Y \quad (5-3)$$

其中，λ 称为岭参数。当 λ＝0 时，即为普通最小二乘估计；当 λ＞0 时，即为岭回归估计。随着 λ 值的增加，参数 $\hat{\beta}$ 趋近于 0。岭回归估计的难点在于岭参数 λ 的选择。目前并没有公认的确认岭参数的最优标准，比较常用的确定 λ 取值的方法主要包括岭迹法、方差扩大因子法、均方误差 H（K）最小值等。本章采用 R 软件中的 lm. ridge 命令对模型进行岭回归估计。该命令的优点在于能够在估计结果中自动汇报出岭参数 λ 的取值，并且能够根据估计结果画出岭迹图。笔者将结合该命令自动汇报结果和岭迹图结果，综合判断岭参数 λ 的最优取值。

5.3.3 数据来源和处理

本章的数据来源为《全国农产品成本收益汇编资料》和国家气象科学数据共享服务平台（http：//data. cma. cn/）。为了获得更长时期的农产品劳动边际生产率信息，笔者选取 1980～2019 年粳稻、小麦、玉米三种粮食作物和大豆、油菜籽、棉花三种经济作物进行回归分析。这六种农产品的播种面积占我国历年农产品总播种面积的 60% 以上，能够很好地代表我国农业生产状况。由于岭回归估计要求数据为平衡面板数据，笔者删除数据缺失严重的省份，并采用插值法对个别年份数据进行处理。表 5－1 汇报了每种农产品覆盖的省份和样本数量。

表 5－1 六种农产品样本覆盖省份情况

类别	省份	省份数	样本量
粳稻	河北、辽宁、吉林、黑龙江、江苏、浙江、安徽、山东、河南、湖北、云南、宁夏	12	480
小麦	河北、山西、内蒙古、黑龙江、江苏、安徽、山东、河南、湖北、四川、陕西、甘肃、宁夏、新疆	14	560
玉米	河北、山西、内蒙古、辽宁、吉林、黑龙江、江苏、安徽、山东、河南、湖北、四川、贵州、陕西、甘肃、宁夏、新疆	17	680
大豆	河北、山西、内蒙古、辽宁、吉林、黑龙江、安徽、山东、河南、陕西	10	400
油菜籽	江苏、浙江、安徽、江西、河南、湖北、湖南、四川、贵州、云南、陕西、甘肃、青海	13	520
棉花	河北、山西、江苏、山东、河南、湖北、湖南、陕西、甘肃、新疆	10	400

农产品产量、劳动和资本投入量数据来自《全国农产品成本收益汇编资料》，分别采用每亩农产品的主产品产量、每亩用工数量和每亩物质与服务费用表示。气候数据来源于国家气象科学数据共享服务平台（http：//data. cma. cn/）提供的地面气候资料日值数据集（V3. 0），该数据集提供了 840 个基准气象站的平均风速、气温、气压、日照时数、相对湿度、降水量等气象

信息，经过异常值处理、数据合并得到各站点月值和年值数据，再将各站点年值数据平均处理得到分省平均年降水量、日照时数和气温数据。

由于 2004 年我国开始实施新的产品成本调查核算指标体系，2004 年之后的物质与服务费用等于之前的物质费用加上期间费用和税金再减去土地承包费，对此按照 2004 年的标准对 2004 年之前的数据进行调整。为了消除价格变化的影响，采用农业生产资料价格指数，以 1980 年为基期对资本投入量进行平减。表 5 - 2 给出了主要变量的描述性统计结果。

表 5 - 2　主要变量的描述性统计结果

名称	符号	单位	粳稻	小麦	玉米	大豆	油菜籽	棉花
产量	Y	千克/亩	470.39 (98.35)	280.30 (87.28)	382.85 (113.19)	122.00 (33.61)	115.36 (31.83)	69.64 (18.78)
劳动	L	天/亩	16.21 (9.79)	10.47 (6.51)	13.24 (7.11)	7.05 (3.21)	14.80 (8.28)	33.55 (11.77)
资本	K	元/亩	261.77 (184.39)	193.91 (144.05)	174.80 (133.06)	97.18 (73.54)	114.20 (78.09)	253.67 (169.66)
降水量	Rain	百毫米/年	9.65 (4.71)	10.08 (5.22)	10.75 (5.49)	5.99 (1.76)	9.86 (4.27)	8.63 (4.42)
日照时数	Sun	小时/天	7.18 (0.72)	7.16 (0.85)	7.03 (0.85)	7.64 (0.54)	6.90 (0.82)	7.26 (0.77)
平均气温	Temp	摄氏度/天	12.76 (4.82)	13.39 (5.33)	13.60 (5.50)	9.57 (4.08)	13.71 (4.24)	13.86 (2.93)

注：括号内为标准差。

5.4　六种农产品劳动产出弹性的估算结果及分析

5.4.1　农产品超越对数生产函数的岭回归估计结果

本章首先使用 R 软件对六种农产品的超越对数生产函数进行岭回归估计。结合软件自动汇报的岭参数和岭迹图结果，得到岭参数 λ 的最优取值。结果发现，λ 取值在 0.020 ~ 0.083，能够得到较好的拟合结果。表 5 - 3 汇报了估计结果。

首先，LnL 的回归系数全部为正，且除了大豆和油菜籽以外都显著，表明农产品产量随着劳动投入量的减少而增加，与劳动投入量减少而产量增加的现实情形一致。当考虑（LnL）^{2} 之后，这一结论也成立。粳稻和油菜籽 LnL × LnK 的回归系数为正，其他农产品不显著，表明对于大部分农产品而言，劳动的增产效应并没有随着资本投入量的增加而发生显著变化。LnL × T 的回归系数全部为正且显著，表明劳动投入量的增产效应随着时间的增加而增加。

其次，除油菜籽以外，其他五种农产品的 LnK 的回归系数都显著为正，表明在其他生产要素投入量不变时，资本投入量增加将显著提升农产品产量。当考虑（LnK）^{2} 后，这一结论依然成立。同时，LnK 的回归系数明显大于 LnL，表明资本投入量增加对于农产品的增产效应大于劳动投入量。小麦、油菜籽和棉花 LnK × T 的回归系数为正且显著，表明这三种农产品资本的增产效应随着时间的增加而增加。

再次，六种农产品的 T 回归系数全部显著为正，表明存在正的技术进步率能够促进农产品增产。当考虑 T^2 之后则发现，技术进步对农产品产量的影响并不是简单的线性关系。从 10% 的显著性水平来看，随着时间的推移，技术进步对小麦和玉米产量的影响呈下降趋势，对油菜籽产量的影响则呈上升趋势。

最后，Rain 和 Sun 两个变量对粳稻、小麦和玉米三种粮食作物的回归系数均不显著，但是在 10% 的显著性水平上对大豆、油菜籽和棉花三种经济作物的回归系数均显著，这可能是由于相对于经济作物，粮食作物的生产和灌溉技术更加成熟，而且生长的地域范围更广，因此降水量和日照对产量的影响不显著。除小麦以外，Temp 对其他五种农产品的回归系数均显著，表明温度对大部分农产品的产量都有影响，是农业生产函数回归中需要考虑的重要因素。

表 5－3　　六种农产品的超越对数生产函数的岭回归估计结果

变量	粳稻	小麦	玉米	大豆	油菜籽	棉花
LnL	−0.054*** (0.143)	−0.051*** (0.248)	−0.063*** (0.201)	−0.005 (0.189)	−0.011 (0.191)	−0.079*** (0.118)
$(LnL)^2$	−0.002 (0.207)	0.011* (0.309)	−0.012** (0.307)	−0.001 (0.323)	−0.011* (0.267)	−0.009* (0.188)
LnL × LnK	0.011*** (0.135)	−0.003 (0.218)	0.004 (0.222)	0.011 (0.206)	0.014** (0.193)	0.002 (0.170)
LnL × T	0.001*** (0.176)	0.001** (0.221)	0.002*** (0.236)	0.005*** (0.229)	0.003*** (0.279)	0.001** (0.212)

续表

变量	粳稻	小麦	玉米	大豆	油菜籽	棉花
LnK	0.265*** (0.143)	0.305*** (0.182)	0.242*** (0.185)	0.094*** (0.201)	-0.022 (0.166)	0.166*** (0.122)
$(LnK)^2$	0.007* (0.153)	0.034*** (0.181)	0.021*** (0.199)	0.026*** (0.218)	0.003 (0.167)	0.019*** (0.135)
LnK × T	0.000 (0.144)	0.002*** (0.259)	0.000 (0.227)	0.000 (0.209)	0.001*** (0.173)	0.001*** (0.148)
T	0.006*** (0.188)	0.008*** (0.247)	0.005*** (0.279)	0.003*** (0.209)	0.008*** (0.226)	0.003*** (0.114)
T^2	-0.004 (0.243)	-0.011*** (0.338)	-0.009*** (0.350)	0.003 (0.327)	0.006* (0.333)	-0.003 (0.276)
Rain	-0.001 (0.218)	-0.003 (0.309)	0.000 (0.302)	0.018* (0.260)	-0.009* (0.334)	-0.010** (0.297)
Sun	-0.004 (0.168)	0.013 (0.239)	-0.009 (0.239)	0.036** (0.243)	0.021* (0.261)	0.018* (0.272)
Temp	0.009*** (0.202)	0.003 (0.292)	0.006** (0.286)	-0.014*** (0.265)	0.005** (0.239)	0.013** (0.267)
Constant	4.810*** (0.941)	3.737** (1.369)	4.868*** (0.948)	3.523*** (1.138)	4.028*** (1.263)	3.242*** (3.493)
Prov	控制	控制	控制	控制	控制	控制
λ 值	0.022	0.021	0.020	0.044	0.031	0.083
R^2	0.818	0.838	0.823	0.657	0.704	0.527
截面数	12	14	17	10	13	10
样本量	480	560	680	400	520	400

注：括号内为标准差，*、** 和 *** 分别代表在 10%、5% 和 1% 的统计水平上显著。

5.4.2 劳动产出弹性的估算结果

在估算出超越对数生产函数的回归系数之后，根据式（5 - 2）可以计算农产品的劳动产出弹性。图 5 - 7 汇报了 1980 ~ 2019 年六种农产品劳动产出弹性的计算结果。首先，六种农产品劳动产出弹性都呈现出由负转正的变动趋势，表明我国农业生产中存在刘易斯模型所描述的劳动边际产出为负的情形。劳动产出弹性由负转正是判断刘易斯第一转折点的重要依据。对于劳动产出弹性为负的原因以及对刘易斯第一转折点的判断，本书将在 6.2 节进行说明。

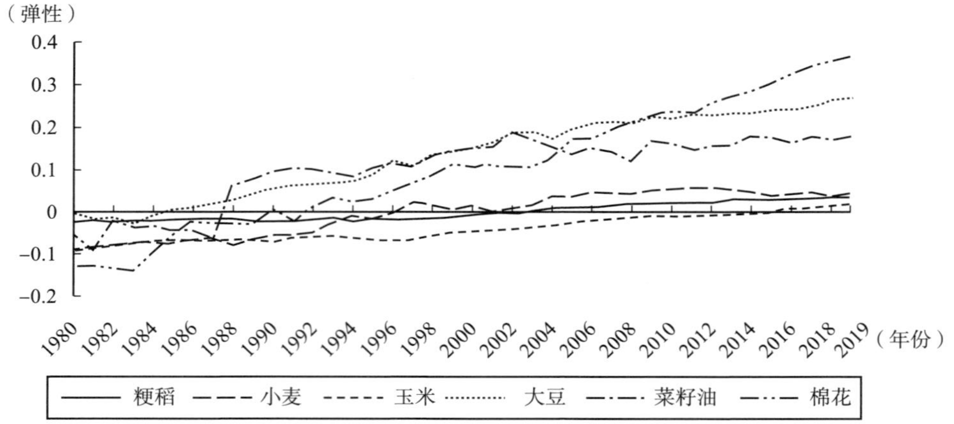

图 5－7　1980～2019 年六种农产品劳动产出弹性的估算结果

其次，六种农产品的劳动产出弹性总体上呈现从趋同到扩散的变动过程。从 20 世纪 90 年代开始，六种农产品的劳动产出弹性呈现出显著的扩散趋势，其原因在于粮食作物与经济作物的劳动产出弹性出现分化。2019 年，粳稻、小麦和玉米三种粮食作物的劳动产出弹性分别为 0. 034、0. 043 和 0. 018，大豆、油菜籽和棉花三种经济作物的劳动产出弹性分别为 0. 269、0. 178 和 0. 366，表明经济作物的劳动产出弹性远高于经济作物。结合图 5－5 可知，粳稻、小麦和玉米三种粮食作物的资本密集度更高，说明劳动产出弹性与资本密集度成反比。这可能是由于资本密集度越高，意味着机械、化肥等资本投入对劳动投入的替代弹性越高，因此劳动投入变动对产量变动的影响就越小。

再次，从粮食作物内部来看，三种粮食作物的劳动产出弹性呈现出从趋同到扩散再到趋同的变动趋势。1994 年以来，三种粮食作物的劳动产出弹性进入增长区间，并表现出明显的扩散趋势。但是从 2014 年之后，三种粮食作物的劳动产出弹性增速明显放缓，且呈现趋同性，表明在当前技术条件下，三种粮食作物的劳动产出弹性已经达到较高的水平，劳动产出弹性增速的放缓可能是受家庭耕地规模或制度政策等因素的影响。

最后，从经济作物内部来看，三种经济作物的劳动产出弹性表现出先趋同后扩散的变动趋势。1990 年之后，三种经济作物的劳动产出弹性开始进入上升区间。2010 年之后，三种经济作物的劳动产出弹性出现扩散趋势。一方面，大豆和油菜籽两种经济作物的劳动产出弹性增速明显放缓；另一方面，棉花的劳动产出弹性进入加速上升区间。这表明在当前家庭耕地规模和技术条件下，大豆和油菜籽两种经济作物的劳动产出弹性增长空间有限，而棉花由于资本对劳动的替代弹性相对较强，劳动产出弹性处于上涨区间。

5.4.3　劳动产出弹性影响因素的实证检验

通过 5.4.2 的分析可知，农产品劳动产出弹性的增长速度似乎与资本对劳动的替代速度有关。在资本对劳动替代速度较快的时期，劳动产出弹性增速较快，反之，则较慢。此外，劳动产出弹性的增长还可能受到耕地规模和劳动力人力资本水平等因素的影响。为了深入分析劳动产出弹性的影响因素，笔者建立了以劳动产出弹性为被解释变量的面板数据模型。除了劳动和资本两个变量外，加入了人均耕地面积、受教育程度和受灾率三个指标，分别反映耕地规模、人力资本水平和气候因素对劳动产出弹性的影响。模型估计之前首先进行 Hausman 检验，检验结果在 1% 的统计水平上显著。因此，选择省份和时间双固定效应模型进行估计。表 5 -4 汇报了六种农产品劳动产出弹性影响因素的估计结果。

如表 5 -4 所示，首先，资本和劳动的回归系数全部显著为负，表明劳动和资本投入量与劳动产出弹性负相关，六种农产品是在劳动和资本的合理投入区间进行生产的。其次，粳稻、小麦、玉米和大豆的人均耕地面积的回归系数显著为正，表明增加人均耕地面积能够显著增加这四种农产品的劳动产出弹性。其中小麦的回归系数最高为 18.544，玉米和大豆的回归系数分别为 4.482 和 4.391，粳稻的回归系数为 0.597，反映了增加农户耕地面积对小麦劳动产出弹性的增加程度最高，对玉米和大豆的增加程度次之。反之则意味着，小麦、玉米和大豆的劳动产出弹性受耕地规模制约更大。推动土地流转改革，增加农户耕种面积，对于增加这些农产品的劳动产出弹性具有重要意义。另外，油菜籽和棉花的人均耕地面积变量不显著，表明对于劳动密集程度相对较高的农产品而言，增加耕地面积并不是促进其劳动产出弹性提高的主要因素。再次，除了玉米和棉花以外，其他四种农产品的受教育程度的回归系数均显著为正，表明提高受教育程度对于提升这四种农产品的劳动产出弹性具有积极影响。其中，小麦和大豆的受教育程度的回归系数较高，分别为 1.868 和 1.725，表明受教育程度提高会显著提升这两种农产品的劳动产出弹性。最后，受灾率对六种农产品劳动产出弹性的回归系数都为负值，但是只有大豆和油菜籽的回归系数显著，表明虽然不是对所有农产品劳动产出弹性都有显著影响，但是气候因素对降低农产品劳动产出弹性依然具有重要影响。

表 5-4 六种农产品劳动产出弹性影响因素的估计结果

变量	粳稻	小麦	玉米	大豆	油菜籽	棉花
劳动	-0.613*** (0.066)	-19.421*** (1.416)	-4.365*** (0.326)	-3.380*** (0.363)	-1.944*** (0.119)	-0.074*** (0.016)
资本	-1.467*** (0.099)	-2.465 (2.941)	-2.185*** (0.478)	-0.974** (0.454)	-2.063*** (0.206)	-0.374*** (0.022)
人均耕地面积	0.597*** (0.108)	18.544*** (2.666)	4.482*** (0.472)	4.391*** (0.567)	0.294 (0.210)	-0.039 (0.029)
受教育程度	0.189*** (0.034)	1.868*** (0.686)	-0.003 (0.005)	1.725*** (0.174)	0.149*** (0.052)	0.005 (0.005)
受灾率	-0.141 (0.106)	-0.013 (0.031)	-0.192 (0.133)	-0.036*** (0.005)	-0.008*** (0.002)	-0.000 (0.000)
常数项	5.879*** (0.508)	54.486*** (11.904)	16.141*** (2.189)	-4.158** (1.969)	-1.195 (0.798)	1.288*** (0.111)
省份虚拟变量	是	是	是	是	是	是
时间虚拟变量	是	是	是	是	是	是
R^2	0.707	0.523	0.509	0.823	0.762	0.674
F 值	136.14***	77.53***	93.26***	218.04***	196.32***	76.11***
截面数	12	14	17	10	13	10
样本量	396	462	561	330	429	330

注：(1) 受教育程度按照农村居民家庭每百个劳动力平均受教育年限计算，即受教育年限 = 小学程度 ×6 + 初中程度 ×9 + 高中程度 ×12 + 中专程度 ×12 + 大专及以上 ×15；(2) 受灾率 = 年度受灾面积 ÷ 农作物总播种面积；(3) 括号内为标准误差项，** 和 *** 分别表示在 5% 和 1% 的统计水平上显著；(4) 由于《中国农村统计年鉴》从 2013 年后便不再汇报人均耕地面积的数据，因此建立的是 1980 ~ 2012 年非平衡面板模型。

资料来源：历年《中国农村统计年鉴》。

5.5 小　　结

本章的研究内容包括以下三个方面：一是通过对劳动、资本和土地等生产要素投入变动的分析，从农业部门生产要素投入变化的角度，反映农产品生产的要素稀缺程度变化和农业技术进步方向。二是采用超越对数生产函数和岭回归估计方法，对六种农产品的劳动产出弹性进行估算，为第 6 章估算农产品的劳动边际生产率提供数据基础。三是构建六种农产品劳动产出弹性影响因素的面板数据模型，分析资本、劳动、土地规模、人力资本水平、气候因素等对劳动产出弹性的影响。研究结果如下。

第一，六种农产品的劳动、资本和土地等要素投入指标在 2004 年前后发生了重要改变。其中，劳动投入量大幅度下降，机械作业费和资本劳动比从 2004 年开始呈现明显的上升趋势，大中型拖拉机数量和家庭承包耕地流转比例从 2007 年开始进入加速上升区间。这些证据虽然不能作为我国在 2004 年到达或通过刘易斯第一转折点的充分条件，但是至少说明我国农业部门生产要素配置发生了根本性转变，农业劳动力开始相对短缺，农业技术进步向着节约劳动要素、增加资本和土地要素的方向发展。

第二，六种农产品劳动产出弹性均显示出“由负转正”的变化过程，表明我国农业部门存在刘易斯模型中描述的劳动边际生产率接近于零甚至为负的情形。从 20 世纪 90 年代开始，粮食作物与经济作物的劳动产出弹性出现明显的分化特征。其中，粳稻、小麦与玉米三种粮食作物的劳动产出弹性总体上呈现从趋同到扩散再趋同的变动过程，表明当前三种粮食作物在农业生产要素投入上，对劳动要素的替代程度已经达到相当高的水平。大豆、油菜籽和棉花三种经济作物的劳动产出弹性从 2010 年出现扩散趋势，其中棉花的劳动产出弹性进入加速上升区间。表明在当前土地规模和技术条件下，大豆和油菜籽两种经济作物的劳动产出弹性的增长空间已经相当有限，而棉花由于资本对劳动的替代潜力依然较强，因此劳动产出弹性处于上涨区间。

第三，对六种农产品劳动产出弹性影响因素的实证检验表明，增加人均耕地面积能够显著增加粳稻、小麦、玉米和大豆四种农产品的劳动产出弹性。这一结论具有极强的政策含义，表明促进土地流转、增加资本密集型农产品的农户耕地面积，对于提高农民收入具有重要意义。已有研究表明，耕地面积与农业全要素生产率并不是简单的线性关系，对耕地面积与农业劳动边际生产率的关系需要更多的微观农户数据进行实证检验。

第 6 章　基于 Minami 标准的刘易斯转折的判断

6.1　引　　言

基于农业部门劳动边际生产率的刘易斯转折的判断，不仅如实地反映转折点理论，还是确定转折点时最为严密的判定标准（南亮进，2014）。本书基于农业部门劳动边际生产率的刘易斯转折的判断分为两章：第 5 章利用《全国农产品成本收益资料汇编》数据，采用超越对数生产函数和岭回归估计方法，估算出六种农产品的劳动产出弹性。本章利用第 5 章估算的劳动产出弹性，计算六种农产品的劳动边际生产率。然后，利用南亮进（2014）基于日本刘易斯转折判断总结的 Minami 标准，对中国经济刘易斯转折阶段进行判断。根据南亮进的论述，其对日本刘易斯转折的判断对应的是费景汉和拉尼斯提出的两个转折点重合的模型，因此判断的是刘易斯第二转折点。而本书是基于刘易斯 - 费景汉 - 拉尼斯模型的两个刘易斯转折点的判断，因此需要对判断标准进行改进。

标准一：农业部门劳动边际生产率与农业部门工资的比较

经济发展初期，由于存在剩余劳动力，农业部门劳动边际生产率（MPL）为零甚至为负。随着非农部门的扩张和剩余劳动力的转移，农业部门 MPL 逐渐提高，直到农业部门 MPL 与工资（W）相等。此时，两个部门的工资都由劳动边际生产率决定，经济由二元经济转为一元经济。因此，MPL 由零（或负）转正是判断经济通过刘易斯第一转折点的标志，MPL = W 是判断经济通过刘易斯第二转折点的标志。

标准二：农业部门劳动边际生产率与农业部门工资的相关系数

经济通过刘易斯第一转折点之前，W 由古典主义认为的生存工资水平决定，MPL与W之间的相关系数等于或接近于0。经济通过刘易斯第一转折点之后，MPL向W趋近，二者之间的相关系数会大于0。经济通过刘易斯第二转折点之后，MPL由W决定，二者之间的相关系数显著提高，并且保持稳定。

标准三：农业部门实际工资的动向

农业部门W在通过刘易斯第一转折点之前由生存工资决定，在通过刘易斯第一转折点之后开始进入上涨区间，经过刘易斯第二转折点之后由MPL决定。我国农业部门更接近于自耕农制度下的情形，根据1.1.3节对非农部门工资提前上涨问题的分析，任何提高农业部门平均产出的情况都可能提高生存工资水平。因此将农业部门实际工资加速上涨作为经济通过刘易斯第一转折点的判断标准。

标准四：工资差距的变化

转折点理论所设想的是非熟练劳动力市场。非熟练劳动力主要由农业部门提供，在通过刘易斯第一转折点之前，其供给价格受到生存工资约束，很难快速上涨。而熟练劳动力在任何时候都是短缺的，其工资可能一直处于上升状态。在通过刘易斯第一转折点之前，熟练劳动力和非熟练劳动力的工资差距会拉大；在两个转折点之间时，二者差距可能扩大也可能缩小，取决于各自工资的上涨速度；通过刘易斯第二转折点之后，非熟练劳动力也变为有限供给，二者之间工资差距不断拉大的情况会消失，甚至出现显著的缩小趋势。由此可知，此标准只能作为辅助标准，不能准确判断经济所处的刘易斯转折阶段。

标准五：劳动供给弹性

在通过刘易斯第一转折点之前，农业部门为非农部门提供无限的劳动力供给，此时农业部门对非农部门的劳动供给弹性将无穷大。当经济通过刘易斯第一转折点之后，非农部门工资开始上涨，劳动供给弹性将变为有限的正值。当经济通过刘易斯第二转折点时，劳动供给对工资更加敏感，劳动供给弹性将进一步增加。因此，劳动供给弹性由无穷大变为有限的正值，可以作为经济通过刘易斯第一转折点的判断标准。

6.2 农业部门劳动边际生产率的估算结果

6.2.1 劳动边际生产率的计算方法

根据第5章估算出的六种农产品的劳动产出弹性计算劳动边际生产率，如式（6－1）所示：

$$VMP_L = MP_L \times P = \sigma_L \times AP_L \times P \tag{6-1}$$

其中，MP_L 和 AP_L 分别表示劳动的边际产量和平均产量，σ_L 为劳动产出弹性，P 表示农产品价格。AP_L 和 P 均来自历年《全国农产品成本收益汇编资料》，其计算式分别如式（6－2）和式（6－3）所示：

$$AP_L = 每亩主产品产量 \div 每亩用工数量 \tag{6-2}$$

$$P = 每亩产品产值 \div 每亩主产品产量 \tag{6-3}$$

为了消除价格指数的影响，采用农村消费价格指数对式（6－3）中的每亩产品产值进行平减处理。

6.2.2 劳动边际生产率的估算结果及分析

表6－1汇报了六种农产品的劳动边际生产率的估算结果。

首先，六种农产品的劳动边际生产率都出现长期为负或接近于零的状态，表明中国农业部门存在刘易斯－费景汉－拉尼斯模型描绘的农业部门劳动边际生产率为零甚至为负的情形。从经济因素看，改革开放初期，农村地区人地关系高度紧张，农业生产技术低下，种子、农药、化肥、机械等现代生产要素投入数量较少。从制度因素看，在计划经济向市场经济转型的初期，我国施行严格限制农村地区劳动力向城镇转移的人口管理政策、“包产到户”的土地制度以及“统购统销”的农产品市场管制政策等，形成不完全的劳动力市场、土地市场和产品市场，导致农村劳动力从事农业生产的机会成本极低。此时，农户生产行为不符合西方经济学建立的“在资本、劳动和土地等生产要素之间寻求利润最大化的均衡”的“经济人”假设，而是为了达到温饱水平，尽可能地提高农业产出水平，因而将劳动的边际生产率压得极低，甚至为负的状态。恰亚诺夫（Chayanov，1996）提出的“自我剥削理论”为农户产量最大化的决策行为提供了理论基础。恰亚诺夫强调小农生产和消费的不可分性。他假设对于小农而言，劳动力的价格不是由市场决定的，而是由劳动投入对家庭消费的边际效用决定的。由于消费的匮乏，小农为了尽可能地提高消费水平，就会将劳动投入压到对家庭消费的边际贡献极低的水平。这意味着小农农业劳动投入的边际生产率极低，甚至为零或为负，因而产生自我剥削的现象。

其次，六种农产品劳动边际生产率由负转正的时间点不同。粳稻、小麦、玉米、大豆、油菜籽和棉花劳动边际生产率首次为正的时间分别为2001年、

2002 年、2005 年、1989 年、1994 年和 1997 年。总体来看，三种粮食作物劳动生产率由负转正的时间明显晚于三种经济作物。原因可能在于不同农产品的商品化进程的差异，商品化进程较快的经济作物劳动生产率由负转正的时间较早，反之，粮食作物则较晚。根据《全国农产品成本收益汇编资料》数据，1991 年粳稻、小麦和玉米的商品化率分别为 58.4%、49.7% 和 54.5%，大豆、油菜籽和棉花的商品化率分别为 63.5%、86.2% 和 96.4%。2004 年之后三种经济作物的商品化率一直保持在 86% 以上，而粳稻、小麦和玉米的商品化率分别在 2011 年、2012 年和 2006 年首次超过 80%，这进一步表明农业部门劳动边际生产率与市场化程度存在正向关系。随着农业部门由古典主义向新古典主义的转型，农户生产决策的市场化程度逐渐提高。笔者根据市场化进程较慢的粮食作物的计算结果，判断农业部门通过刘易斯第一转折点的时间。结果显示，三种粮食作物劳动边际生产率由负转正的时间介于 2001～2005 年，与我国 2004 年前后首次出现“民工荒”的时间基本一致，因此支持我国于 2004 年前后到达刘易斯第一转折区间的观点。

再次，2005 年之后，农产品劳动边际生产率经历了从快速上涨到缓慢上涨的变动过程。2005～2014 年，三种粮食作物和三种经济作物的平均劳动边际生产率增速分别为 35.2% 和 15.4%。2015～2019 年，三种粮食作物和三种经济作物的平均劳动边际生产率增速分别为 8% 和 6.6%，分别比 2005～2014 年下降 27.2 个百分点和 8.8 个百分点。2005～2014 年不仅是六种农产品劳动边际生产率增速最快的时期，也是农业劳动力转移速度和农民工工资增速最快的时期。2015 年前后，随着经济进入中高速增长的新常态，农产品劳动边际生产率、农业劳动力转移速度和农民工工资增速都呈现缓慢上涨趋势。这些证据表明非熟练劳动力市场供求发生了质的变化，非农部门劳动力不再是无限供给，进一步为经济已经通过刘易斯第一转折区间提供了佐证。

最后，从转正之后的劳动边际生产率来看，六种农产品的劳动边际生产率差距较大。2019 年，大豆、油菜籽和棉花三种经济作物的劳动边际生产率分别为 7.675 元、3.391 元和 4.451 元，而粳稻、小麦和玉米三种粮食作物的劳动边际生产率分别为 1.475 元、1.135 元和 1.341 元，表明经济作物的劳动边际生产率显著大于三种粮食作物。这主要是由于与粮食作物相比，经济作物生产和销售的市场化进程更快，同时对于农户而言，经济作物承担更多的增收任务，因此农户在经济作物生产的劳动力投入中，更早地开始按照边际成本收益原则进行投入产出核算。

表 6－1 1980～2019 年六种农产品劳动边际生产率的估算结果 单位：元

年份	粳稻	小麦	玉米	大豆	油菜籽	棉花
1980	－0.090	－0.081	－0.157	－0.302	－0.164	－0.363
1981	－0.082	－0.097	－0.188	－0.430	－0.203	－0.416
1982	－0.108	－0.128	－0.176	－0.441	－0.248	－0.447
1983	－0.112	－0.143	－0.193	－0.422	－0.225	－0.492
1984	－0.166	－0.190	－0.259	－0.348	－0.231	－0.498
1985	－0.145	－0.178	－0.245	－0.270	－0.220	－0.348
1986	－0.160	－0.196	－0.269	－0.241	－0.203	－0.350
1987	－0.145	－0.173	－0.245	－0.135	－0.202	－0.363
1988	－0.147	－0.148	－0.232	－0.030	－0.144	－0.249
1989	－0.136	－0.145	－0.234	0.067	－0.127	－0.272
1990	－0.113	－0.124	－0.196	0.126	－0.105	－0.301
1991	－0.090	－0.116	－0.190	0.204	－0.078	－0.253
1992	－0.078	－0.128	－0.190	0.346	－0.050	－0.137
1993	－0.073	－0.103	－0.209	0.515	－0.012	－0.121
1994	－0.074	－0.134	－0.256	0.599	0.021	－0.111
1995	－0.069	－0.107	－0.273	0.925	0.055	－0.063
1996	－0.048	－0.101	－0.213	1.009	0.080	－0.006
1997	－0.032	－0.067	－0.174	0.936	0.125	0.068
1998	－0.034	－0.065	－0.178	1.039	0.145	0.138
1999	－0.011	－0.049	－0.120	1.067	0.177	0.155
2000	－0.010	－0.043	－0.105	1.219	0.200	0.302
2001	0.000	－0.015	－0.111	1.181	0.240	0.274
2002	0.022	0.000	－0.091	1.622	0.279	0.448
2003	0.050	0.017	－0.073	1.908	0.419	0.717
2004	0.128	0.032	－0.037	2.849	0.636	0.709
2005	0.172	0.056	0.000	2.694	0.571	0.895
2006	0.242	0.070	0.060	2.843	0.685	1.015
2007	0.263	0.114	0.123	4.026	1.211	1.112
2008	0.341	0.160	0.182	5.201	1.699	0.990

续表

年份	粳稻	小麦	玉米	大豆	油菜籽	棉花
2009	0.439	0.210	0.266	4.850	1.310	1.465
2010	0.668	0.273	0.389	6.638	1.445	2.604
2011	0.778	0.374	0.499	7.433	1.764	2.242
2012	0.903	0.436	0.641	8.931	1.984	2.536
2013	1.002	0.529	0.728	8.726	2.365	2.717
2014	1.235	0.707	0.887	8.599	2.480	2.404
2015	1.320	0.732	0.878	8.041	2.365	2.263
2016	1.466	0.753	0.810	6.976	2.276	3.181
2017	1.663	0.928	1.028	8.382	2.995	3.738
2018	1.642	0.875	1.177	8.078	3.251	4.419
2019	1.475	1.135	1.341	7.675	3.391	4.451

6.3　农业部门劳动边际生产率与工资比较

6.3.1　数据选取和处理

农业部门劳动边际生产率与非熟练劳动力工资的比较，是判断经济是否通过刘易斯第二转折点的主要标准。笔者采用《全国农产品成本收益汇编资料》中的雇工日工价和农民工工资两个指标，分别反映非熟练劳动力从事农业和非农就业的工资水平。同时考虑到我国农业部门的自耕农制度，农户从事农业生产时相当于自雇的生产者，农业生产的劳动工资、使用土地的机会成本和利润都归农户所有。因此，农业劳动力在进行自雇和受雇决策时，是将从事农业生产的农业部门净收益和受雇工资进行比较，而不是将农业部门劳动边际生产率与受雇工资进行比较。换言之，农业劳动力分别根据农业部门净收益、农业雇工工资和非农就业工资，在从事农业生产、农业受雇和非农就业之间进行决策，因此加入农产品净收益指标，如式（6－4）所示：

$$农产品生产净收入 = (每亩产值 - 物质与服务费用 - 雇工费用 - 流转地租金) \div 家庭用工天数 \quad (6-4)$$

以上指标均来自《全国农产品成本收益汇编资料》。为了消除价格指数的影响，以1980年为基期采用农村消费价格指数对农业生产净收入和农业雇工工资数据进行处理。农民工既包括农村地区农民工，也包括城镇地区农民工，因此采用居民消费价格指数对农民工工资数据进行处理。

6.3.2 劳动边际生产率与工资的比较结果及分析

由于粮食作物和经济作物的劳动边际生产率差距较大，并且各自具有较强的趋同性，为了更加简洁地对比估算结果，笔者以农产品播种面积作为权重，分别对粮食作物和经济作物的劳动边际生产率和农业生产净收益进行加权平均处理。由于农业雇工费用、流转地租金等指标是从1998年开始汇报的，因此只汇报了1998~2019年的估算结果。估算结果见表6-2。

首先，将农业部门劳动边际生产率与农业雇工工资和农民工工资进行比较。结果发现，无论是粮食作物还是经济作物，劳动边际生产率都远低于其对应的农业雇工工资和农民工工资，表明我国经济尚未通过 MPL = W 的刘易斯第二转折点。从当前从事农业生产劳动力比例依然较高、农业土地规模化经营比例偏低以及城市化落后于工业化的现状来看，我国可能还需要较长时间才能跨越刘易斯第二转折点。

其次，农业生产净收入与农业雇工和农民工工资表现出高度一致性。由于我国农业部门的自耕农制度，农业劳动力并不是按照劳动边际生产率原则在农业生产、农业受雇和非农就业之间进行选择，而是将农业生产净收入与农业受雇和非农就业收入进行比较，从而作出就业决策。2004年之后，由于农业税费改革等政策的实施，粮食作物和经济作物的农业生产净收入均出现大幅度提升，同时由于政府对粮食作物的价格支持政策，粮食作物的农业生产净收入高于经济作物。粮食作物和经济作物的农业生产净收入分别从2004年和2007年开始明显高于农民工工资，这一时期也是农业播种面积和产量大幅度增加、农户兼业化程度迅速提升的时期。

最后，随着经济进入新常态，粮食作物和经济作物农业生产净收入分别从2016年和2013年开始低于农民工工资，表明从事农业生产的比较收益开始下降。其原因在于：一是受土地经营规模的限制，农业劳动边际生产率难以大幅提升；二是受部分农产品价格补贴政策取消等因素的影响，主要农产品价格的上涨速度明显下降。家庭承包土地的农业部门比较收益下降，使得农户依靠农业生产实现增收的困难加剧，这将进一步促使中青年劳动力脱离农业生产。

表 6-2　1998～2019 年粮食作物和经济作物劳动边际生产率与工资的比较　单位：元

年份	粮食作物加权平均值		经济作物加权平均值		农业雇工工资	农民工工资
	劳动边际生产率	农业生产净收入	劳动边际生产率	农业生产净收入		
1998	-0.087	5.312	0.533	4.529	5.451	4.875
1999	-0.057	4.822	0.550	3.748	3.294	5.380
2000	-0.048	4.047	0.692	4.946	5.134	5.863
2001	-0.040	5.095	0.668	4.105	4.826	6.263
2002	-0.021	4.634	0.923	5.831	4.791	9.779
2003	-0.001	5.848	1.159	7.713	4.901	9.593
2004	0.044	11.882	1.600	9.211	5.663	9.665
2005	0.080	10.558	1.607	8.733	6.110	10.485
2006	0.128	12.690	1.730	8.963	6.945	11.040
2007	0.170	13.248	2.411	13.314	7.630	11.211
2008	0.231	13.686	2.986	14.282	9.270	11.226
2009	0.309	16.530	2.938	13.483	10.909	11.955
2010	0.451	21.472	4.078	19.124	12.380	13.803
2011	0.558	22.977	4.255	17.218	14.979	15.878
2012	0.672	23.468	4.908	19.251	16.571	17.295
2013	0.765	22.845	4.939	18.133	17.779	19.213
2014	0.951	27.135	4.807	15.605	18.984	20.676
2015	0.978	23.431	4.522	12.046	20.020	21.868
2016	0.999	21.170	4.671	11.473	19.602	22.851
2017	1.203	24.098	5.723	14.758	19.767	23.943
2018	1.246	21.123	5.886	12.703	20.044	25.031
2019	1.331	22.946	5.830	12.628	19.672	25.912

注：（1）雇工工价是指平均每个雇工一个标准劳动日（8 小时）所得到的全部报酬（包括工资和合理的饮食费、招待费等）；（2）农民工工资以日工资计算，将月收入除以 25 天计算得到。根据 2014 年《农民工监测调查报告》的数据，农民工平均每月工作天数为 25 天左右。

资料来源：历年《全国农产品成本收益汇编资料》；1998～2008 年农民工工资数据来自卢峰（2012）、2009～2019 年数据来自《农民工监测调查报告》。

6.4 农业部门劳动边际生产率与工资的相关系数

根据 Minami 标准二，农业部门劳动边际生产率与工资的相关系数是判断经济所处刘易斯转折阶段的重要标准。对此，笔者构建时间序列模型，对六种农产品劳动边际生产率与农业部门工资的相关系数进行回归分析。其中农业部门工资除了使用农业雇工工价以外，还加入了家庭用工折价进行对比分析。家庭用工折价是指生产中耗费的家庭劳动用工按一定方法和标准折算的成本，反映了家庭农业生产劳动用工投入的机会成本。数据来源为《全国农产品成本收益汇编资料》。回归结果显示，模型拟合度 R^2 在 0.65 ~ 0.97，表明变量间的拟合效果良好。为了更清晰地反映不同农产品的回归系数差异，采用折线图的方式汇报了估计结果，如图 6 – 1 所示。

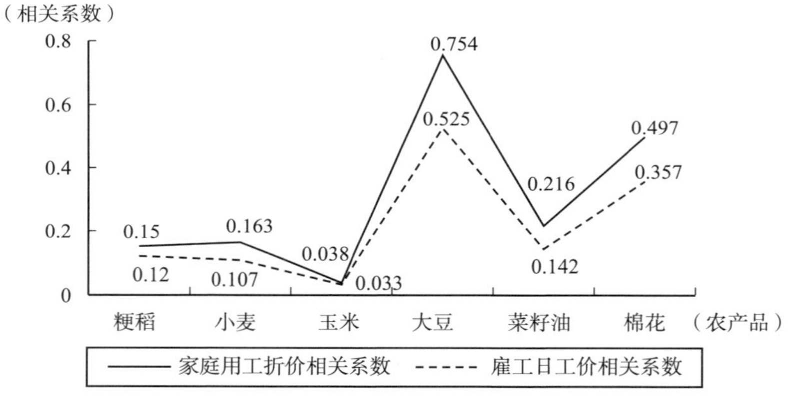

图 6 – 1 1980 ~ 2019 年六种农产品劳动边际生产率与工资相关系数的估计结果

首先，六种农产品的劳动边际生产率与两种类型的农业部门工资之间的相关系数在 0.033 ~ 0.754，表明我国当前农业部门劳动边际生产率低于工资水平，进一步论证了我国经济已经通过刘易斯第一转折点，但是没有通过刘易斯第二转折点。其次，不同农产品的劳动边际生产率与农业部门工资的相关系数差异较大。总体来看，经济作物的劳动边际生产率与工资的相关系数高于粮食作物，进一步表明与粮食作物相比，经济作物生产的劳动要素投入更接近市场原则。最后，农产品劳动边际生产率与家庭用工折价的相关系数均高于雇工日工价，这主要是由于我国农产品劳动要素投入以家庭成员投入为主，家庭用工的机会成本比雇工成本更能反映农业部门劳动力的边际产出水平。

6.5　农业部门实际工资的动向

根据 Minami 标准三，农业部门实际工资是否加速上涨，是判断经济通过刘易斯第一转折点的重要标准。笔者采用农业部门家庭用工折价和农业雇工价表示农业部门工资。为了消除价格指数的影响，以 1980 年为基期，采用农村居民消费价格指数进行平减。图 6－2 汇报了其变化趋势。

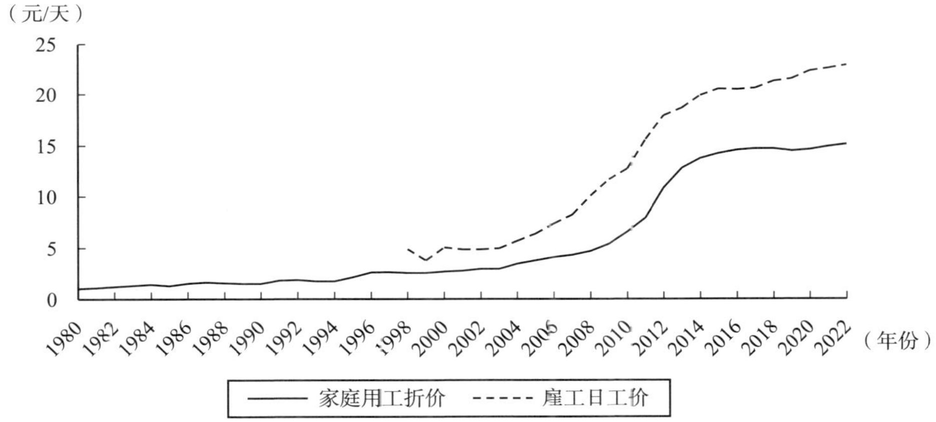

图 6－2　1980～2022 年农业部门实际工资的变动情况

资料来源：历年《全国农产品成本收益汇编资料》。

如图 6－2 所示，20 世纪 80 年代以来，农业部门家庭用工折价基本保持稳定状态，表明我国农业部门工资存在长期不变的情形。20 世纪 90 年代中后期，随着城乡分割的户籍政策的放松，农业部门剩余劳动力开始向非农部门转移，家庭用工折价出现缓慢上升趋势。2004 年以后，家庭用工折价进入加速上涨区间。2009～2013 年是家庭用工折价增长最快的时期，家庭用工折价从 5.4 元/天上升到 12.8 元/天，年均增速高达 22.4%。从 2014 年开始，家庭用工折价开始变得平稳，甚至出现小幅下降趋势，这主要是由于农业生产净收益的增速放缓，导致农业部门工资水平难以保持上升态势。农业部门雇工日工价表现出与家庭用工折价大致相同的变动趋势。雇工日工价从 2004 年开始进入加速上涨区间，直到 2012 年基本保持每年 10% 以上的增长速度。

2013 年开始，雇工日工价增速开始放缓。2013 ~ 2018 年，每年平均增速仅为 3.4%。综合两个指标可以发现，2004 年之后，农业部门实际工资进入加速上涨区间，这一上升趋势一直持续到 2014 年前后，2015 年之后开始呈现平稳变化趋势。这一证据支持了我国经济在 2004 年之后进入刘易斯第一转折区间的观点。

6.6 工资差距的变化

根据 Minami 标准四，在经济通过刘易斯第一转折点之前，熟练劳动力与非熟练劳动力的工资差距呈上升趋势，而经济通过刘易斯第二转折点后，熟练劳动力和非熟练劳动力的工资差距不断拉大的情况将会消失。为了考察熟练劳动力和非熟练劳动力工资差距的变化情况，笔者采用家庭用工折价和农业雇工工资表示农业部门非熟练劳动力工资水平，农民工日工资表示非农部门非熟练劳动力工资水平，城镇单位就业人员日工资表示非农部门熟练劳动力工资水平。图 6 - 3 汇报了 1995 ~ 2022 年工资差距的变动情况。

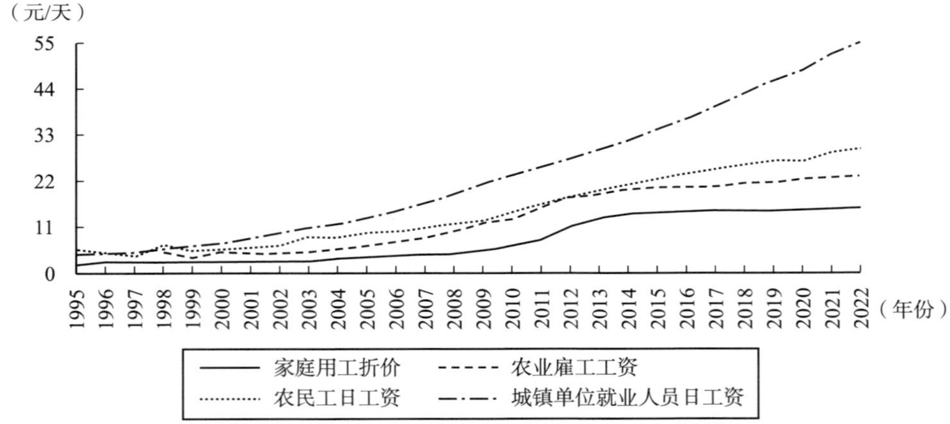

图 6 - 3　1995 ~ 2022 年熟练劳动力和非熟练劳动力工资差别的变动情况

注：（1）农民工日工资按照月工资除以 25 天计算；（2）城镇单位就业人员日工资按照城镇单位就业年工资收入除以 12 个月再除以 30 天计算；（3）为了消除价格变化的影响，农业部门工资以 1995 年为基期，按照农村消费价格指数进行平减；农民工和城镇单位就业日工资以 1996 年为基期，按照城市消费价格指数进行平减。

资料来源：历年《中国统计年鉴》和《全国农产品成本收益汇编资料》；1995 ~ 2008 年农民工工资数据来自卢峰（2012）、2009 ~ 2022 年数据来自《农民工监测调查报告》。

如图 6－3 所示，四种劳动力工资水平总体呈现从趋同到扩散的变动趋势。20 世纪 90 年代，熟练劳动力和非熟练劳动力的工资差距很小。2000 年之前，农民工日工资甚至高于城镇单位就业人员日工资。但是随着国有企业改革和市场化进程的推进，城镇单位就业人员日工资从 2000 年之后开始进入上涨区间，而非熟练劳动力工资则是在 2004～2008 年进入上涨区间，二者差距呈现扩大趋势。2009～2014 年，城镇单位就业人员日工资与非熟练劳动力工资水平差距呈现缩小趋势，但是 2015 年之后又呈现扩大趋势。比如，城镇单位就业人员日工资与农民工日工资的差距从 2009 年的 1.71 倍变为 2014 年的 1.48 倍，又增加到 2022 年的 1.86 倍。城镇单位就业人员日工资与两个农业部门工资指标的差距也表现出大致相同的变动趋势。这意味着 2009 年之后，非熟练劳动力工资的上涨确实缩小了与熟练劳动力的工资差距，但是很快非熟练劳动力工资增长乏力，而熟练劳动力工资依然保持较快的增长速度，因此二者差距继续扩大。总体来看，我国经济没有出现通过刘易斯第二转折点的工资变动特征。

6.7　农业部门对非农部门的劳动供给弹性

根据 Minami 标准五，农业部门对非农部门的劳动供给由无限弹性转为有限弹性，是判断经济通过刘易斯第一转折点的重要标准。笔者以农民工工资的对数作为横轴，以非农部门非熟练劳动力供给的对数作为左纵轴，以农民工总量为右纵轴，绘制了农业部门对非农部门的劳动供给曲线。

如图 6－4 所示，2004 年之前，非熟练劳动力供给曲线的工资水平在一定范围内波动，但是劳动供给数量是增加的，这表明农业部门对非农部门非熟练劳动力的劳动供给满足在一定工资范围内的无限供给条件。2004 年之后，非熟练劳动力的供给曲线明显开始向右倾斜，表明随着劳动供给数量的增加，农民工工资开始快速增长，即劳动供给曲线不再是无限供给。从农民工数量的供给曲线来看，从 2004 年开始，农民工劳动供给曲线呈现明显的增长态势，并从 2008 年开始变得相对平缓。因此，保守估计，从 2008 年开始，中国经济已经达到了刘易斯第一转折区间。

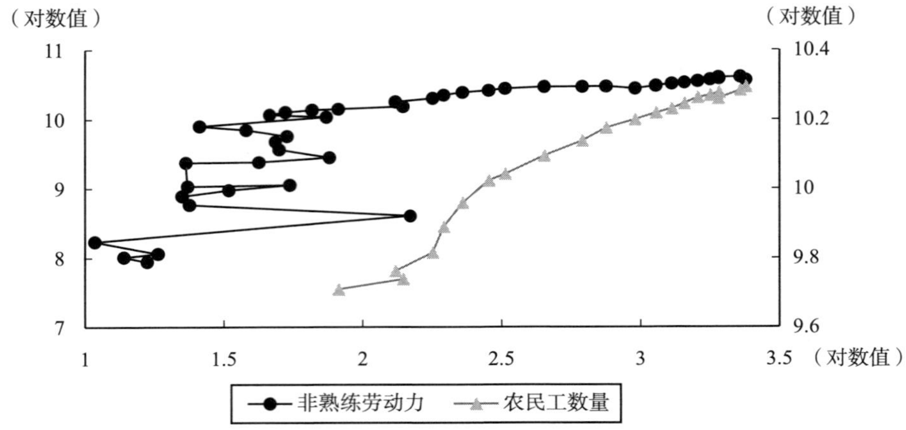

图6-4 1980~2022年农业部门对非农部门的劳动供给弹性

注：（1）非熟练劳动力=全部就业人员-第一产业就业人员-城镇单位就业人员；（2）非熟练劳动力供给曲线为1980~2022年数据，农民工供给曲线为2002~2022年数据。

资料来源：历年《中国统计年鉴》；2002~2007年农民工数据来自盛来运（2008）、2008~2022年数据来自国家统计局发布的《农民工监测调查报告》。

6.8 小　　结

本章利用第5章六种农产品劳动产出弹性的估算结果，计算出劳动边际生产率，然后根据Minami标准对中国经济的刘易斯转折进行判断。主要结论如下。

第一，基于农业部门劳动边际生产率与工资的比较研究发现，2001~2005年，粳稻、小麦和玉米三种粮食作物的劳动边际生产率都由负转正；2019年粮食作物和经济作物的劳动边际生产率都远低于农业部门工资，表明中国经济已经通过刘易斯第一转折区间，但是没有通过刘易斯第二转折点。

第二，农业部门劳动边际生产率和非熟练劳动力工资变动的证据都显示非熟练劳动力市场从2004年开始发生变化，2008~2014年是农业部门劳动生产率和非熟练劳动力工资上涨最快的时期，因此判断最早于2004年进入刘易斯第一转折区间，最晚于2014年完全通过刘易斯第一转折区间。值得注意的是，2014年之后随着中国经济进入“新常态”，经济增速放缓、新旧增长动能转换和产业结构服务化转型等因素，导致了以农民工为代表的非熟练劳动力工资增速的下降。随着人口红利的消失和农民工增量的萎缩，非熟练劳动力工资与城镇单位就业人员的工资差距有所扩大。在此背景下，保障非熟练劳动力工资稳步提升、缩小与熟练劳动力的工资差距，对于促进经济跨越刘易斯第二转折点、完成二元经济转型过程具有重要意义。

第三，粮食作物和经济作物农业生产净收入分别从 2016 年和 2013 年开始低于农民工工资，表明从事农业生产的比较收益下降。农业补贴价格调整对农产品价格的冲击是造成这一现象的主要原因之一。农业政策调整的目的在于取消部分农产品的价格保护和补贴，推动农产品市场化进程。但是由于我国农业部门生产效率较低，市场化改革反而造成了农产品价格的大幅波动和农业收入水平的下降。如果不能从根本上提高农业劳动边际生产率，则难以达到实现农民依靠农业增收和促进农业可持续高质量发展的目标。

第7章　城镇正规就业与非正规就业收入差距的实证检验

7.1　引　　言

根据刘易斯－费景汉－拉尼斯模型，农业剩余劳动力转移到城市后会实现充分就业。但是发展中国家的实践表明，非正规就业和非正规部门是二元结构转换中的普遍现象。中国二元结构转型过程叠加了由计划经济向市场经济的转型过程，农村转移劳动力和国有企业下岗职工共同构成城镇非正规就业的主要来源。20世纪90年代以来，城镇劳动力市场经历了由“正规化”向“非正规化”的转型过程。2013年以来，以“放管服”为核心的商事制度改革实施，企业登记注册成本的下降和税费成本下降，极大地促进了登记注册的市场主体数量的增加。但是由于城镇正规就业的扩张规模有限，城镇非正规就业占比“不降反升”。按照胡鞍钢和赵黎（2006）的估算方法，1995～2020年，非正规就业占城镇总就业的比例从19.7%上升到63.9%，占全部城镇新增就业岗位的112%（其中12个百分点是正规部门摧毁就业岗位的比率）。[①]

非正规就业作为城镇劳动力市场的重要组成部分，其生存和生活状态的改善也一直是各方关注的焦点。一方面，根据刘易斯－费景汉－拉尼斯模型，在通过刘易斯第一转折点之前，非熟练劳动力供给价格受生存工资约束，很难快速上涨。而熟练劳动力在任何时候都是短缺的，其工资可能一直处于上升趋势。因此，在通过刘易斯第一转折点之前，熟练劳动力和非熟练劳动力的工资差距会拉大；通过刘易斯第二转折点之后，非熟练劳动力也变为有限供给，二者之间工资差距不断拉大的情况会消失，甚至出现缩小趋势。因此，城镇正规

① 根据历年《中国统计年鉴》数据计算得到。

就业和非正规就业收入差距是判断经济刘易斯转折阶段的重要佐证。另一方面，就业机会平等、同工同酬，让每个劳动者实现“体面就业”，是劳动力市场化改革的基本方向。随着我国城镇劳动力市场供求关系发生转变，非熟练劳动力要素回报率提升，政府对劳动者生存状态的关注度也不断提高。2008 年以来，新《中华人民共和国劳动法》等一系列劳动法规的出台，以及近些年来对于各项劳动者权益保障政策执行力度的加大，都预示着劳动力市场正向着有利于劳动者的方向发展。但是这些转变是否使得非正规就业者的生活境遇或收入水平得到改善，需要进行实证检验。对此，本章将利用 1997 ~ 2015 年的中国营养与健康调查数据库（China Health and Nutrition Survey，CHNS），采用倾向得分匹配（Propensity Score Matching，PSM）方法，从正规就业和非正规就业收入差距变动的角度，对劳动力市场化改革以来非正规就业的境遇状况变化进行研究，并对我国经济是否通过刘易斯第二转折点进行判断。

7.2　文献综述

从 20 世纪 70 年代开始，国外学者围绕二元主义和新自由主义理论的争论，对正规就业与非正规就业的收入差距问题进行了大量的实证研究，但是并未取得一致的结论。一方面，二元主义者认为非正规就业是劳动者在分割性劳动力市场下为了维持生计的生存选择，非正规就业与正规就业之间存在“无法解释”的收入差距。同时由于非正规就业具有劳动时间长、工作条件和稳定性差、缺乏必要的劳工保护和社会保障等“弱势”特征，因此政府应当采取措施减少非正规就业（Fields，1975；刘易斯，1992）。另一方面，新自由主义者认为非正规就业是劳动者在竞争性劳动力市场下的自主选择，非正规就业与正规就业之间不存在显著的收入差距。与正规就业相比，非正规就业更具竞争性、灵活性和自主性，因此政府应当鼓励非正规就业的发展（De Soto，1989；Post and Evans，1989）。进入 21 世纪以后，随着研究数据的丰富和计量技术的发展，国外学者沿着以下两条主线，对这一命题进行了更为细致和深入的研究。

第一条主线是从性别、受教育程度、个体选择性、企业规模、政府税收等角度，对正规就业和非正规就业的收入差距进行考察。比如，佩根（Pagan，2000）对墨西哥的研究发现，男性劳动者的正规就业收入溢价存在，而女性劳动者的正规就业收入溢价不存在。龚晓东与索斯特（Gong Xiaodong and Soest，

2002）对墨西哥的研究也发现，正规就业收入溢价随着受教育程度的提高而提高。巴根和昆达（Bargain and Kwenda，2011）对巴西、南非和墨西哥的研究发现，工资分布中低端的正规就业工资溢价较高，而工资分布高端的正规就业工资溢价基本消失。此外，还有一些研究则发现，在控制个人选择性偏差、公司规模效应以及税收因素影响后，正规就业相对于非正规就业的工资溢价消失（Pratap and Quintin，2006；Lehmann and Zaiceva，2014；Badaoui et al.，2007）。

第二条主线是从非正规就业异质性出发，对不同类型非正规就业与正规就业的收入差距进行研究。非正规就业异质性是对非正规就业内部多样性的研究，是近十余年来国外非正规就业问题研究的主流观点之一。该观点认为非正规就业既不完全是二元主义认为的由于劳动力市场分割而被迫进入的生存选择者，也不完全是新自由主义认为的具有企业家精神的自主选择者，而是同时具有这两种特征的劳动者的集合（Portes and Schauffler，1993）。这类研究可以分为两类。第一类是先验地将非正规就业分为两类或两类以上，分别对其收入特征进行考察。例如，迪莫瓦等（Dimova et al.，2010）对西非的研究中，将非正规就业分为自我雇佣者和受雇者两类，结果发现二者在人力资本回报率和工资决定等方面都有较大差异，从而证明了非正规就业存在异质性。弗洛雷斯（Flórez，2002）对哥伦比亚的研究也发现，非正规小企业雇主、自我雇佣者和非正规受雇者也表现出不同的收入特征。第二类是从不可观测的非正规就业异质性假设出发，基于反事实分析方法，对不同类型非正规就业进行分解。金特和拉维特（Günther and Launov，2012）利用该方法对科特迪瓦的研究发现，44.8%的非正规就业是低收入的生存选择者，而55.2%的非正规就业是高收入的自主选择者。拉琴科（Radchenko，2014）对埃及的研究也发现，非正规就业与正规就业在人力资本回报、收入水平和就业选择机制等方面存在三重异质性。

与国外长期以来深入而细致的研究不同，国内对于正规就业和非正规就业收入差距的研究起步较晚，且主要集中于基于分割性劳动力市场假设的“正规就业收入溢价的存在性”的检验。从研究结论来看，大多数研究表明存在“无法解释的”正规就业收入溢价，但是对劳动力市场分割强度的研究结果却存在较大差异。比如，常进雄和王丹枫（2010）的研究发现，正规就业和非正规就业的工资差异中81.01%是由受教育程度、经验等可观测的人力资本要素导致的，只有18.99%是由不可观测的非市场因素导致的。魏下海和余玲铮（2012）的研究则发现，75.3%的正规就业和非正规就业工资差异是由非市场因素导致的。此外，吴要武（2009）的研究发现，非正规就业的人力资本回报率并不显著低于正规就业，劳动力市场非正规化并没有导致劳动力资源配置上的损失，从而支持了新自由主义的观点。

笔者认为现有国内研究主要存在以下不足。第一，从研究方法上看，大多数研究采用 Heckman 两阶段模型控制样本的自选择性偏差，但是伦诺克斯等（Lennox et al.，2011）的研究表明该模型存在严重的共线性和对选择方程模型设定敏感的问题，这也是研究结论差异较大的原因之一。第二，大多数文献将非正规就业作为一个整体与正规就业收入进行比较，而对非正规就业异质性的关注相对较少。第三，现有文献基本上是基于某一年数据的研究，没有考虑劳动力市场改革的动态变化对二者收入差距的影响。

针对以上研究不足，本章从以下角度展开研究。第一，采用倾向得分匹配法控制样本自选择性偏差。较其他方法，倾向得分匹配法不仅能够有效控制样本的自选择性偏差，还能清晰地刻画出选择非正规就业对劳动者收入的净影响。第二，参考弗洛雷斯（Flórez，2002）的研究，将非正规就业划分为有雇工的非正规雇佣者、无雇工的非正规雇佣者和非正规受雇者三类，从非正规就业的异质性角度对不同类型非正规就业与正规就业收入差距进行更为细致的考察。第三，利用 1997 ~ 2015 年 CHNS 数据库，考察国有企业改革以来非正规就业与正规就业收入差距的动态变化。

7.3　数据、变量和方法

7.3.1　非正规就业的统计界定

本章使用的数据来自 CHNS 数据库。该数据库分别于 1989 年、1991 年、1993 年、1997 年、2000 年、2004 年、2006 年、2009 年、2011 年和 2015 年完成了 10 次调查，调查范围包括辽宁、黑龙江、江苏、山东、河南、河北、湖南、广西、贵州 9 个省份，2011 年之后增加了北京、上海、重庆 3 个直辖市。该数据库提供了详尽的劳动力个体特征以及就业和收入信息，是我国连续调查持续时间最长的数据库之一。本章使用数据范围为 1997 ~ 2015 年，为了保证足够的样本数量，分别对 1997 年和 2000 年、2004 年和 2006 年、2009 年和 2011 年的样本进行合并，构成 T1（1997 年和 2000 年）、T2（2004 年和 2006 年）、T3

（2009 年和 2011 年）和 T4（2015 年）四个时期，对国有企业改革以来对城镇正规就业和非正规就业收入差距的动态变化进行研究。研究对象为 15 ~ 59 岁在城镇地区就业的劳动力。

根据 CHNS 调查中的“你在此工作中的职位是何种类型?”和“你工作单位是何种类型?”来对正规就业和非正规就业进行区分，并与第 17 届国际劳动统计学家大会（International Conference of Labor Statisticians，ICLS）提出的非正规就业统计框架相对应。处理过程如下：（1）删除无报酬的家庭帮工以及单位职位类型不确定的样本；（2）将 CHNS 数据库中“无雇工的个体经营者”“有雇工的个体经营者”“领取工资的家庭工人”分别对应第 17 届 ICLS 大会决议框架中的“自负盈亏的个体劳动者”“雇主”“有贡献的家庭工人”，划分为非正规就业；（3）按照第 15 届 ICLS 大会对非正规部门企业的划分标准，将独立的个体劳动者和规模在 20 人及以下的私营企业分别作为个体经营者和小微企业，划分为非正规部门，将政府机关、国有企事业单位、集体企业和“三资”企业、规模在 20 人及以上的私营企业划分为正规部门；（4）将在非正规部门就业的“为他人或单位工作的长期工、合同工、临时工”对应第 17 次 ICLS 大会决议框架中的“非正规部门企业受雇者”，将在正规部门就业的临时工对应第 17 次 ICLS 大会决议框架中的“正规部门企业非正规受雇者”，划分为非正规就业。删除月收入、周工作时间等关键变量缺失的样本，最终得到正规就业样本 7792 个，非正规就业样本 2003 个。

7.3.2 倾向得分匹配方法

由于受到个体特征、家庭背景、社会关系等因素的影响，劳动者选择正规就业或非正规就业的概率并不是完全随机的，导致劳动者收入决定方程中个体就业决策变量存在内生性。此时直接的 OLS 估计得到的非正规就业决策对收入的影响是有偏的。对此，本章采用罗森鲍姆和鲁宾（Rosenbaum and Rubin，1983）提出的倾向得分匹配方法（PSM）来纠正样本的选择性偏差。PSM 方法是一种基于观测数据分析变量间因果关系并且能够有效控制样本选择偏差的数据处理方法。其核心思想是：通过一定的方法（即倾向得分匹配）找到与每一个处理组（即非正规就业，$IE=1$）除了就业决策不同，其他方面特征相同或类似的控制组（即正规就业，$IE=0$）个体样本，将其收入作为处理组个体样本的“反事实”收入，从而最大限度地消除样本的选择性偏差。具体步骤如下。

首先使用 Logistic 回归模型来预测每个劳动者选择非正规就业的条件概率，即样本的倾向得分值，如式（7-1）所示：

$$P_i = P(IE_i \mid Z_i) = E(IE_i) = \frac{1}{1 + e^{-(\delta + \sigma Z_i)}} \tag{7-1}$$

其估计式如（7-2）所示：

$$\mathrm{Ln}\frac{P_i}{1 - P_i} = \delta + \sigma Z_i + \mu \tag{7-2}$$

其中 P_i 表示第 i 个劳动者选择非正规就业的概率，σ 为估计系数，Z_i 为影响劳动者非正规就业选择的变量，包括受教育程度、年龄、年龄的平方、性别、婚姻状况、户籍、地区以及年份虚拟变量，μ 为随机误差项。本章选择基于不同匹配原理的一对一近邻匹配、半径匹配和核匹配三种方法进行对比分析。其中一对一近邻匹配的原理是将对照组中的倾向得分与处理组样本的倾向得分差异最小的样本选定为匹配对象。半径匹配的原理是将对照组中的倾向得分与处理组样本的倾向得分差异小于预定常数 r 的样本选定为匹配对象。核匹配的原理是通过构造核函数对对照组样本收入进行加权，以对照组所有个体收入的加权平均值作为每个处理组样本个体的"反事实"收入，权重与对照组个体和处理组个体倾向得分差距成反比。与前两种匹配方法相比，该方法具有不损失样本信息的优点。

7.3.3　变量选取与描述性统计

变量的具体设定如下。

结果变量：CHNS 数据库中提供的收入数据包括工资、实物性收入、奖金和补贴等指标。考虑到除了工资以外，各类奖金和补贴也构成劳动者的直接收入，且大多是以现金形式发放的，因而采用包括工资、奖金和各种补贴在内的工资性月收入作为收入指标。同时考虑到非正规就业中存在不充分就业和过度劳动的现象，因此加入小时收入，考察不同就业类型的劳动回报率差异。小时收入采用月收入除以周工作时间再除以 4 的方法得到。月收入和小时收入都以 1997 年为基期，采用城镇居民消费价格指数进行平减。

处理变量：以非正规就业虚拟变量为解释变量，1 表示非正规就业，0 表示正规就业，并设置有雇工的非正规雇主、无雇工的非正规自雇和非正规受雇者三个虚拟变量，对非正规就业的异质性进行考察。

控制变量：包括受教育程度（按最高教育程度折算，小学毕业为 6 年，初中毕业为 9 年，高中毕业和中等技术学校、职业学校为 12 年，大专或大学毕业为16年，硕士及以上为19年)、年龄及其平方项、性别（男性=1)、婚姻状况（已婚=1)、户籍（农业户口=1)、地区和年份虚拟变量。

表7-1给出了主要变量的描述性统计结果。1997年以来，正规就业和非正规就业主要变量的特征变化如下：（1）正规就业和非正规就业收入都有所提高，但是总体来看，正规就业收入显著高于非正规就业收入水平；（2）分时期看，T1时期非正规就业收入水平高于正规就业，但T2时期以后，正规就业的平均收入开始超过非正规就业的收入水平；（3）年龄、性别、婚姻状况差距及变动都较小；（4）正规就业的平均受教育年限明显高于非正规就业，且二者差距呈扩大趋势；（5）非正规就业拥有城镇户籍的比例明显低于正规就业，表明从农村转移到城市就业的劳动者主要从事非正规就业。

表7-1　　主要变量的描述性统计结果

变量	时期	正规就业		非正规就业		全部样本	
		均值	标准差	均值	标准差	均值	标准差
月收入	T1	525.17	588.79	606.00	555.08	537.77	584.30
	T2	966.35	579.59	947.95	940.47	962.69	666.72
	T3	1820.71	1138.07	1465.51	1092.37	1741.64	1137.52
	T4	2634.40	1348.37	2072.04	1103.10	2486.79	1311.76
小时收入	T1	16.367	22.792	20.052	28.922	16.953	23.904
	T2	24.606	18.391	22.866	25.959	24.257	20.142
	T3	45.966	32.557	34.889	32.018	43.502	32.759
	T4	66.858	38.722	50.325	33.745	62.531	38.172
受教育年限	T1	11.232	2.891	10.247	3.33	11.076	2.986
	T2	12.152	2.720	10.958	2.821	11.913	2.781
	T3	12.861	3.051	11.240	3.293	12.500	3.179
	T4	13.919	2.788	12.057	2.999	13.436	2.958
年龄	T1	36.873	9.670	37.498	9.896	36.972	9.707
	T2	40.393	9.145	40.335	9.569	40.381	9.229
	T3	41.226	9.723	41.515	9.520	41.290	9.677
	T4	42.373	9.189	42.271	9.829	42.346	9.358

续表

变量	时期	正规就业		非正规就业		全部样本	
		均值	标准差	均值	标准差	均值	标准差
性别	T1	0.552	0.497	0.531	0.500	0.549	0.498
	T2	0.576	0.494	0.504	0.501	0.561	0.496
	T3	0.570	0.495	0.528	0.500	0.561	0.496
	T4	0.554	0.497	0.450	0.498	0.526	0.499
婚姻	T1	0.832	0.374	0.850	0.357	0.835	0.371
	T2	0.907	0.290	0.897	0.304	0.905	0.293
	T3	0.900	0.299	0.920	0.272	0.905	0.294
	T4	0.903	0.296	0.919	0.272	0.907	0.290
户口	T1	0.963	0.811	0.797	0.696	0.852	0.787
	T2	0.966	0.818	0.713	0.718	0.855	0.793
	T3	0.948	0.778	0.770	0.663	0.831	0.746
	T4	0.918	0.726	0.794	0.595	0.886	0.682

7.4 倾向得分匹配结果及分析

7.4.1 总样本匹配结果及分析

首先对非正规就业与正规就业的收入差距进行估计。在对样本进行倾向得分分析之前，需要对处理组和对照组可观测变量的差异进行样本平衡性检验。检验结果显示，匹配前样本存在显著的选择性偏差，匹配后样本的选择性偏差不显著，表明倾向得分匹配方法有效解决了样本的选择性偏差问题。[①] 表7－2汇报了三种倾向得分匹配的结果。

从月收入来看，三种匹配结果都显示在T1～T4时期，非正规就业和正规就业的收入差距呈现从不显著到显著为负的变动过程。在国有企业改革和农村

① 限于篇幅，没有给出平衡性检验的检验结果，如有需要，可向笔者索要。

劳动力转移初期，非正规就业和正规就业月收入并没有表现出明显的差异。从2004年开始，非正规就业月收入开始显著低于正规就业，表明我国城镇劳动力市场存在“无法解释的”正规就业收入溢价，从而支持了二元主义关于非正规就业是“劳动者在分割性劳动力市场下的生存选择”这一观点。1997～2001年，以国有企业就业为主体的正规就业正处于深度改革期，国有企业效率低下和冗员现象严重，导致正规就业收入水平较低，而以个体、私营企业就业为主的非正规就业刚刚进入劳动力市场，获得了较高的收入回报，因此非正规就业和正规就业收入差距不显著。T2～T3时期，非正规就业与正规就业月收入差距处于扩大趋势。2004年之后，随着以“减员增效、下岗分流”为主的国有企业改革基本完成，市场机制对劳动力的基础性配置作用越来越强，正规就业的人力资本回报率开始上升。但是在我国典型的城乡二元劳动力市场下，以农村转移劳动力为主的城镇非正规就业正处于“无限供给”阶段，因此非正规就业收入增长缓慢。此时正规就业与非正规就业的收入差距开始加大，劳动力市场分割加剧。T3～T4时期，非正规就业与正规就业月收入的负向差距处于缩小趋势。2011年之后，随着劳动力市场的扩张和人口结构的转变，人口红利逐渐消失，非熟练劳动力市场供求关系发生了逆转，非正规就业收入也开始快速上涨，因此，这一时期二者收入差距开始缩小。正规就业和非正规就业收入差距缩小虽然不能作为判断经济到达刘易斯第二转折点的充分条件，但是可以作为熟练劳动力市场与非熟练劳动力市场收入趋同的证据，认为经济至少已经通过了二者收入差距扩大的刘易斯第一转折区间。

从小时收入来看，非正规就业和正规就业收入差距与月收入基本呈现相同的变动趋势。不同之处在于，T1时期非正规就业与正规就业的收入差距显著为负，进一步表明国有企业改革初期，非正规就业的收入回报率高于正规就业，这与邢春冰（2007）、夏庆杰等（2007）对国有单位和非国有单位收入分配效应研究的结论相一致。

表7－2　非正规就业和正规就业收入差距的倾向得分匹配结果

被解释变量	匹配方法	控制组：正规就业			
		T1	T2	T3	T4
月收入	近邻匹配	0.053 (0.063)	－0.143*** (0.057)	－0.145*** (0.041)	－0.112*** (0.057)
	半径匹配	0.018 (0.047)	－0.133*** (0.046)	－0.173*** (0.031)	－0.111*** (0.041)

续表

被解释变量	匹配方法	控制组：正规就业			
		T1	T2	T3	T4
月收入	核匹配	0.034 (0.045)	-0.147*** (0.045)	-0.173*** (0.030)	-0.102*** (0.040)
小时收入	近邻匹配	0.129*** (0.047)	-0.101*** (0.053)	-0.093*** (0.037)	-0.090*** (0.048)
	半径匹配	0.105*** (0.036)	-0.059** (0.041)	-0.098*** (0.027)	-0.057** (0.036)
	核匹配	0.111*** (0.035)	-0.069** (0.040)	-0.098*** (0.027)	-0.062** (0.035)

注：括号内为标准差，** 和 *** 分别代表在5%和1%的统计水平上显著。

7.4.2　异质性样本匹配结果及分析

本节将从非正规就业的异质性角度，对不同类型非正规就业的生存境遇变化进行考察。将非正规就业分为有雇工的非正规雇主、无雇工的非正规自雇和非正规受雇三类，分别对应小微企业主、自我雇佣者和非正规受雇者，与正规就业的收入差距进行倾向得分匹配分析。结果显示，不同匹配方法下的匹配结果基本一致。为了节省篇幅，表7-3只给出了核匹配方法下的匹配结果。

从月收入来看，不同类型非正规就业与正规就业的收入差距存在较大差异。首先，非正规雇主与正规就业的月收入差距呈现由正转负且T4时期不显著的变动过程。其次，非正规自雇与正规就业的月收入差距只在T1时期显著为负，其他时期不显著。这表明具有创业性质的非正规就业与正规就业的月收入差距并不明显，甚至在T4时期，二者并不存在显著的差异。此外，非正规受雇与正规就业的月收入差距呈现出由显著为正到显著为负的变动过程，表明非正规就业与正规就业的收入差距主要体现在非正规受雇与正规就业之间。与其他两类非正规就业相比，非正规受雇的生存特征更加明显。非正规受雇与正规就业的月收入差距从T2时期开始一直呈上升趋势，表明二者收入差距持续扩大。但是从变动幅度来看，T2~T3时期的负向程度大于T3~T4时期，表明2011年之后，非正规受雇与正规就业的收入差距扩大的趋势有所收敛。

从小时收入来看，不同类型的非正规就业与正规就业的小时收入差距都呈先扩大后缩小甚至不显著的变动趋势。T4时期，非正规雇主和非正规自雇与正规就业的收入差距不显著，非正规受雇与正规就业的收入差距也小于T3时期。表明从2015年开始，随着非熟练劳动力市场的供求关系发生变化，劳动力市场开始向着有利于非正规就业的方向转变。2008年之后，我国陆续出台了《中华人民共和国劳动合同法》《中华人民共和国劳动争议调解仲裁法》和《中华人民共和国社会保险法》等法律法规，加强对劳动者权益的保护，使得非正规就业的权益保障程度提升。综合来看，从小时收入看，T4时期后，有雇工的非正规雇主、无雇工的非正规自雇和非正规受雇与正规就业的收入差距开始呈现缩小趋势，表明非正规就业的境遇得到了改善。

表7-3 不同类型非正规就业与正规就业收入差距的回归结果

被解释变量	处理组	控制组：正规就业			
		匹配方法：核匹配			
		T1	T2	T3	T4
月收入	雇主	0.257*** (0.047)	-0.024 (0.054)	-0.087*** (0.040)	0.048 (0.065)
	自雇	0.191*** (0.043)	-0.058 (0.054)	-0.080 (0.041)	0.095 (0.069)
	受雇	0.097*** (0.038)	-0.145*** (0.040)	-0.169*** (0.028)	-0.172*** (0.036)
小时收入	雇主	0.195*** (0.061)	-0.122*** (0.060)	-0.185*** (0.046)	-0.032 (0.078)
	自雇	0.108 (0.056)	-0.144*** (0.061)	-0.207*** (0.048)	-0.088 (0.085)
	受雇	0.093 (0.052)	-0.198*** (0.047)	-0.221*** (0.032)	-0.191*** (0.040)

注：括号内为t值，***代表在1%的统计水平上显著。

7.5 小　　结

本章基于CHNS1997~2015年数据，采用倾向得分匹配的方法，对城镇非正规就业和正规就业收入差距进行实证检验，从而对非正规就业者的生存境遇状况变化进行了考察，结果如下。第一，非正规就业与正规就业的收入差距总体上呈现由正转负的变动过程，表明随着国有企业改革和农村剩余劳动力转移，我国城镇劳动力市场表现出分割性特征，非正规就业是低收入劳动者为了维持生计的“生存选择”，从而支持了二元主义的观点。第二，从2015年开始，城镇非正规就业与正规就业的收入差距呈现出缩小趋势，表明随着我国非熟练劳动力市场供求关系发生转变以及政府对劳动者保护力度的加强，非熟练劳动力要素回报率得到提升，正规就业与非正规就业的收入差距开始缩小。第三，基于非正规就业异质性的匹配结果，不同类型非正规就业与正规就业的收入差距变动存在较大差异，非正规受雇与正规就业的收入差距是非正规就业与正规就业收入差距的主要来源。总体来看，从2015年开始，非正规就业的生存境遇得到了改善，劳动力市场的分割性主要体现在非正规受雇与正规就业之间。

非正规就业作为城镇劳动力市场的重要组成部分，其工作状况和收入水平的改善对于提升居民生活水平有重要意义。因此政府应在促进非正规就业发展和改善非正规就业者生活境遇方面发挥积极作用。首先，应当认识到劳动力市场存在正规就业和非正规就业的二元分割性，以及非正规就业所具有的“生存”特征。在劳动力市场政策导向上，充分考虑非正规就业者的生存环境，加强对非正规就业的引导和扶持，保障非正规就业的生存空间。其次，深化劳动力市场化改革，比如加快户籍制度改革、减少劳动力市场户籍、性别歧视等，减少非市场因素导致的劳动力市场扭曲对非正规就业者收入的不利影响。最后，在具体政策实施上，考虑非正规就业的异质性特征，注重非正规就业扶持政策的差异性，一方面通过提高“最低工资标准”等政策，提升最具“生存特征”的非正规受雇者的待遇水平，增加非正规受雇者接受教育、职业培训的渠道，提高非正规受雇者人力资本水平，同时为其提供必要的权益保护和社会保障；另一方面加强对以非正规自雇者为主体的小微企业的扶持力度，比如增加对小微企业的金融和财税支持等，为其提供良好的发展环境。

从长期来看，无论二元主义还是新自由主义理论都认为非正规就业是经济发展水平较低时，劳动者面对较高“正规化成本”的阶段性选择。随着经济发展水平的提高和制度环境的完善，为所有劳动者提供正规化的工作环境和制度保障是劳动力市场发展的必然选择。但从我国现阶段经济发展水平来看，在今后很长一段时间内，非正规就业依然是保障我国城镇就业稳定和劳动者收入来源的重要渠道。同时随着人口结构转变和产业转型升级，就业结构转型升级和劳动力市场正规化发展也是必然趋势。这要求政府在劳动力市场改革进程中，既要提高非正规就业者的境遇状况和收入水平，保障非正规就业的生存空间，又要着力促进就业结构转型升级，促进非正规就业的“正规化”发展。如何通过保障非正规就业的合理发展，实现“保收入”和“促升级”两大目标，是今后需要研究的重要课题。

第 8 章　基于四个衍生标准的刘易斯转折的判断

8.1　引　　言

农业部门剩余劳动力减少和劳动边际生产率增加是二元经济转型中的两个重要现象，本书第 3 ~4 章和第 5 ~6 章分别使用农村剩余劳动力估算和 Minami 标准对中国经济的刘易斯转折点进行判断。二元经济模型描绘的是一个发展中经济体从二元经济向一元经济转型的过程，这一过程不仅涉及农业部门的变化，还涉及两个部门关系、劳动力市场供求、收入分配改善等宏观经济的多个方面。本章将从这些宏观层面出发，提出农业部门和非农部门劳动生产率差距、非农部门劳动力市场供求、收入分配的改善、东亚经验的比较四个衍生标准，对中国经济刘易斯转折进行判断。

衍生标准一：农业部门和非农部门平均劳动生产率差距

经济通过刘易斯第一转折点之前，农业部门平均劳动生产率由生存工资决定，与非农部门的劳动生产率差距呈现扩大趋势。随着经济通过刘易斯第一转折点，农业部门和非农部门的平均劳动生产率都会提升，二者差距可能扩大也可能缩小。当经济通过刘易斯第二转折点之后，非熟练劳动力的短缺会使农业部门劳动生产率提升，两个部门的平均劳动生产率差距应该缩小。根据发达国家的经验，由于生产方式的差异，非农部门劳动平均生产率是高于农业部门的，前者通常比后者高出一倍（Gollin et al. , 2014）。

衍生标准二：劳动力市场供求

经济通过刘易斯第一转折点之前，非农部门的扩张吸引农业部门剩余劳动力向非农部门转移。非农部门资本积累速度越快，农业部门剩余劳动力转移速度越快。当经济通过刘易斯第一转折点时，非农部门劳动力供给由无限供给变为有限供给，随着剩余劳动力存量的下降，剩余劳动力转移速度下降，因此，非农部门非熟练劳动力市场供求变得紧张。但是考虑到在剩余劳动力未完全转移之前，农业部门比较收益的提升和转移成本上升，都可能导致非农部门非熟练劳动力市场供求发生逆转，因此，应结合其他标准进行综合判断。

衍生标准三：收入分配的改善

经济通过刘易斯第一转折点之前，非农部门无限的劳动力供给，使得收入分配方向有利于非农部门的资本积累，是刘易斯模型解释“发展中国家超高储蓄率”的理论基础。因此，在经济通过刘易斯第一转折点之前，收入分配更有利于资本而不利于劳动，这表现为国民收入分配中资本份额扩大、劳动份额缩小。当经济通过刘易斯第二转折点之后，劳动力稀缺性增加，收入分配应当向着有利于劳动的方向转变，劳动收入份额应当增加。

衍生标准四：东亚经验的比较

日本、韩国和我国台湾地区被公认为是成功实现了二元经济转型的经济体，南亮进等学者对这些经济体的研究为中国经济刘易斯转折的判断提供了重要的实证经验。但是我国的大国经济特征和特有的制度安排决定了不能照搬其他国家的经验，在借鉴日本、韩国等东亚经济体经验进行刘易斯转折判断时，需要考虑多种因素进行综合考察。

8.2　农业部门和非农部门劳动生产率差距

随着二元经济的转型，农业部门和非农部门平均劳动生产率可能呈现先扩大后缩小的变动趋势。据此笔者对 1980～2022 年农业部门和非农部门平均劳动生产率差距进行考察。图 8－1 汇报了第一产业平均劳动生产率，以及第二产业和第三产业与第一产业的平均劳动生产率之比的变动情况。

首先，第一产业劳动生产率从 2003 年开始进入加速上升区间。结合图 8－2 的第一产业劳动力增速数据，可以发现，2003 年也是第一产业劳动力绝对数量开始下降的时间。由此可以判断，第一产业劳动力绝对数量的下降是导致第一产业劳动生产率上升的原因之一。其次，从第二产业的相对劳动生产率来看，从 1990 年起，第二产业的相对劳动生产率开始进入上升区间，并在 2003 年达到峰值。之后第二产业相对劳动生产率开始呈现波动下降趋势。再次，从第三产业相对劳动生产率来看，一方面，第三产业相对劳动生产率远低于第二产业，并且二者差距呈现先收敛后扩散再收敛的变动趋势。二者差距在 2003 年达到峰值之后开始缩小，而这主要是由于第二产业相对劳动生产率的下降。另一方面，第三产业相对劳动生产率也是从 2003 年进入波动下降区间。最后，考虑到农业部门和非农部门劳动生产率差距依然较大，2022 年，第二产业和第三产业相对劳动生产率分别为 11.87 倍和 3.43 倍，其差距远高于发达国家的平均水平。因此，还需要结合其他标准对经济是否通过刘易斯第二转折点进行综合判断。

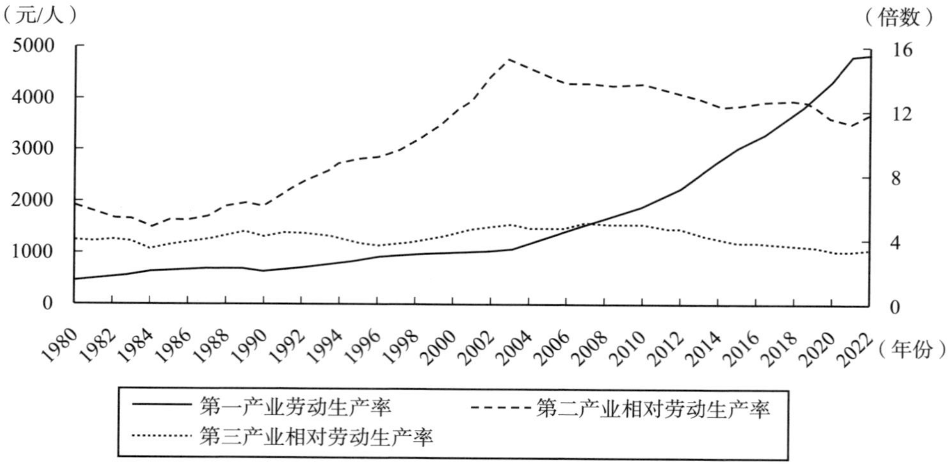

图 8－1　1980～2022 年第一产业平均劳动生产率和三次产业相对劳动生产率结果

注：（1）第一产业劳动生产率＝第一产业 GDP÷第一产业劳动力数量；（2）第二产业相对劳动生产率＝第二产业劳动生产率÷第一产业劳动生产率；（3）第三产业相对劳动生产率＝第三产业劳动生产率÷第一产业劳动生产率；（4）产业增加值是以 1980 年为基期采用各产业 GDP 平减指数调整后的实际值。

资料来源：历年《中国统计年鉴》。

8.3　非农部门劳动力市场供求

8.3.1　农村劳动力转移速度

经济通过刘易斯第一转折点前后，农业部门剩余劳动力转移速度可能出现由快转慢的变动过程。对此，笔者采用第一产业就业人员数量、农民工总量和外出农民工数量的变化速度，对农村剩余劳动力转移速度进行考察。图 8－2 汇报了 1991～2022 年农村剩余劳动力转移速度的变动情况。

首先，第一产业就业人员从 2003 年开始进入连续的负增长区间。其中，

2004～2007 年平均每年下降 4%。2008 年之后受全球金融危机的影响，转移速度有所下降。2011～2014 年继续保持快速的下降趋势，平均每年下降 4.9%。直到 2015 年之后，下降速度开始呈现波动减小态势。2015～2022 年，平均每年下降 2.9%。其次，第一产业就业人员的下降速度与非熟练劳动力工资上涨速度基本保持相同的变动趋势。2004～2014 年是农业剩余劳动力转移和非熟练劳动力工资上涨最快的时期，即使受到金融危机的影响产生波动，也并没有改变其增长态势。然而，2015 年前后，随着经济进入"新常态"，剩余劳动力转移和非熟练劳动力工资上涨速度都呈下降趋势，表明剩余劳动力无限供给态势发生了转变。最后，从农民工总量和外出农民工变动速度来看，2005～2010 年是农民工总量增长速度最快的时期，平均每年增长 5.5%。2011 年之后，农民工总量和外出农民工的增长速度都开始呈波动下降趋势。2015 年之后，转移速度基本下降到谷底。2015～2022 年，农民工总量和外出农民工的转移速度分别为 0.96% 和 0.28%，分别比 2009～2014 年下降 2.35 个百分点和 2.79 个百分点。总体来看，农村剩余劳动力已经转移殆尽，并且不可能恢复到 2014 年之前的高速增长状态，这为经济已经通过刘易斯第一转折区间提供了经验证据。

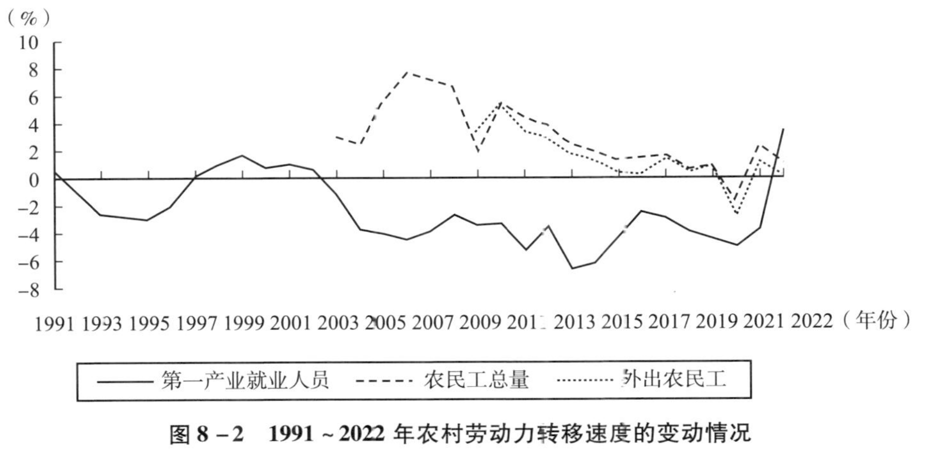

图 8-2　1991～2022 年农村劳动力转移速度的变动情况

资料来源：历年《中国统计年鉴》；2002～2007 年农民工数据来自盛来运（2008）、2008～2022 年数据来自国家统计局发布的《农民工监测调查报告》。

8.3.2　三次产业就业需求弹性

经济通过刘易斯第一转折点之后，非农部门非熟练劳动力市场供求开始变得紧张，农业部门和非农部门就业需求弹性也将发生相应的变化。图 8-3 汇报了2000～2022年我国三次产业就业需求弹性的变动情况。

首先，第一产业就业需求弹性从2003年出现负值，之后基本处于小于零的状态。这表明随着第一产业产值的增加，第一产业就业人员绝对数量减少，即第一产业劳动力是不断转出的。其次，第二产业就业需求弹性在2008～2012年明显高于2004～2007年，这一时期也是第二产业保持高速增长、吸纳大量农村转移就业的时间。2013～2019年，第二产业就业需求弹性出现负值，表明劳动力开始从第二产业转出。结合第二产业增加值占GDP的比重在2006年达到峰值后进入下降区间可知，我国总体进入了“去工业化”阶段。最后，2013年以来，第三产业就业需求弹性进入上升区间，表明第三产业对劳动力的吸纳能力增强。总体来看，2003年前后，是农业部门剩余劳动力绝对数量开始减少，并且大规模向第二产业转移的时间点；2013年前后，是农业部门剩余劳动力从第二产业向第三产业转移的时间点。这表明2003～2013年，中国三次产业劳动力市场供求结构发生了质的变化，农业部门剩余劳动力高速转移的时代已经过去，第三产业代替第二产业成为吸纳剩余劳动力的主导产业。

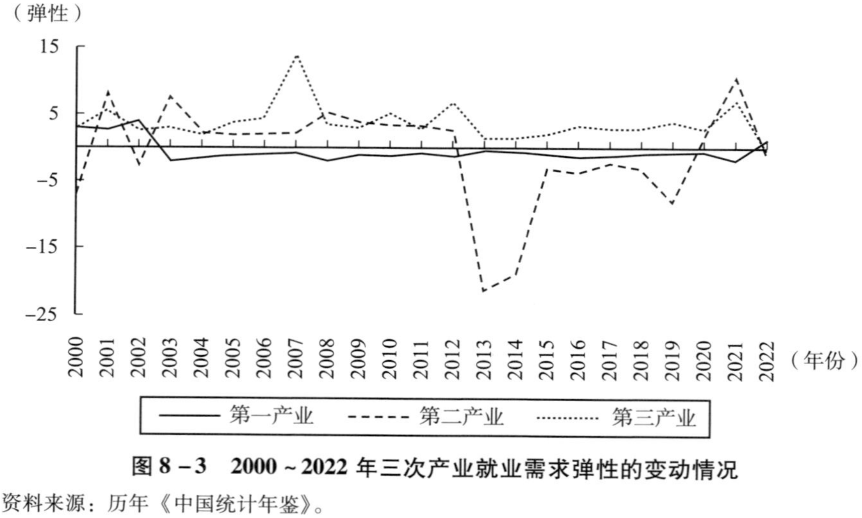

图8－3 2000～2022年三次产业就业需求弹性的变动情况

资料来源：历年《中国统计年鉴》。

8.3.3 城市地区求人倍率

由于三次产业的就业需求弹性并不能直接反映劳动力市场供求状况，笔者进一步采用城市地区求人倍率指标，对非农部门劳动力市场供求状况进行考察。求人倍率等于职位空缺的数量与求职人数之比。如该值小于1，说明劳动力市场供求比较宽松；反之则说明劳动力市场供求比较紧张。图 8－4 给出了 2001～2022 年城市地区求人倍率的变动情况。

如图 8－4 所示，从 2011 年开始，城市地区求人倍率开始进入上升区间。2004 年城市地区求人倍率为 0.94，2008～2009 年受全球金融危机影响略有下降，从 2011 年开始，求人倍率开始持续大于 1。这表明 2011 年之前，城市地区劳动力市场供求已经开始变得紧张，但是总体来看，供给还是大于需求的。但是 2011 年之后，劳动力市场供求态势发生了逆转，城市地区劳动力需求开始持续大于劳动力供给。即使在 2014 年经济进入增速放缓的"新常态"之后，劳动力市场供求依然保持紧张态势，进一步表明城市劳动力市场无限供给的时代已经过去。从城市地区劳动力市场供求的角度来看，至少从 2011 年起，中国经济已经到达刘易斯第一转折区间。

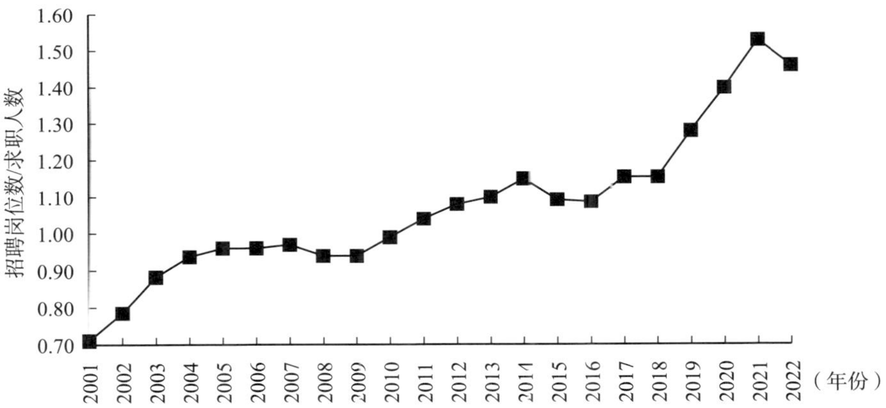

图 8－4　2001～2022 年城市地区求人倍率的变动情况

资料来源：中国人力资源信息监测中心官方网站。

8.4　收入分配的改善

8.4.1　劳动收入份额

经济通过刘易斯第一转折点之前，收入分配更有利于非农部门资本积累，劳动收入份额可能下降；当经济通过刘易斯第二转折点之后，劳动力稀缺性增加，收入分配应向着有利于劳动的方向转变，劳动收入份额可能上升。笔者引入按照收入法计算的 GDP 中的劳动者报酬和营业盈余数据，分别计算其占 GDP 的比重，作为代表劳动收入份额和资本收入份额的指标。图 8－5 汇报了 1993～2017 年劳动者报酬和营业盈余占 GDP 比重的变化情况。

如图 8－5 所示，劳动收入份额和资本收入份额基本呈现此消彼长的变动趋势。具体来看，2004 年之前，劳动收入份额远高于资本收入份额。随着市场化的推进和二元经济的转型，2004～2007 年，劳动收入份额出现了下降趋势，2012 年开始进入稳定上升区间。劳动收入份额从 2012 年的 45.6% 上升到 2017 年的 47.5%，上升了 1.9 个百分点。同时，资本收入份额在 2003～2007 年呈上升趋势，2010 年之后进入下降区间。资本收入份额从 2010 年的 26.9% 下降到 2017 年的 24.7%，下降了 2.2 个百分点。综合来看，劳动收入份额和资本收入份额分别在 2003～2007 年出现下降和上升，这一时间段也是农业部门劳动边际生产率由负转正、农业剩余劳动力快速转移和非熟练劳动力工资快速上涨的时期，因此可以判断，这一时期经济开始到达或者正在通过刘易斯第一转折区间。劳动收入份额和资本收入份额分别于 2010～2012 年进入上升和下降区间，表明随着非熟练劳动力工资的上涨，收入分配开始向着有利于劳动者的方向转变。但是由于缺乏更长时间的数据，以及农业部门劳动边际生产率依然大幅度低于农业部门工资水平，因此，这是否意味着经济已经接近或到达刘易斯第二转折点，还需要更多的经验证据。

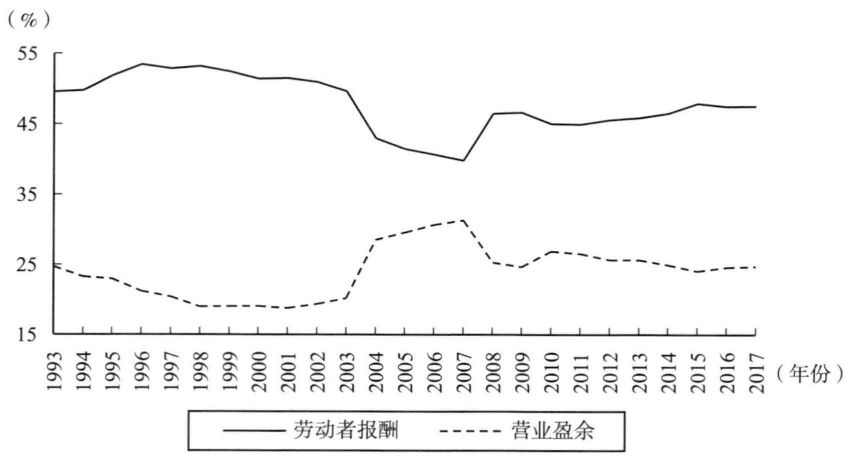

图 8－5 1993～2017 年劳动者报酬和营业盈余占 GDP 的比重

注：劳动者报酬和营业盈余数据为 31 个省份（不包括港澳台地区）数据的加总值。

资料来源：历年《中国统计年鉴》；2018 年之后《中国统计年鉴》不再汇报各省以收入法计算的劳动者报酬和营业盈余等指标。

8.4.2　城乡收入差距

城乡收入差距是反映收入分配状况的重要指标。二元经济转型初期，非农部门的快速扩张使得收入分配更利于城镇地区居民。随着二元经济转型的深入，农业部门收入水平增加，农村居民与城镇地区居民收入差距将会缩小。笔者采用城镇居民和农村居民可支配收入之比，对城乡收入差距进行考察。图8-6汇报了1985~2022年城乡收入差距的变动情况。

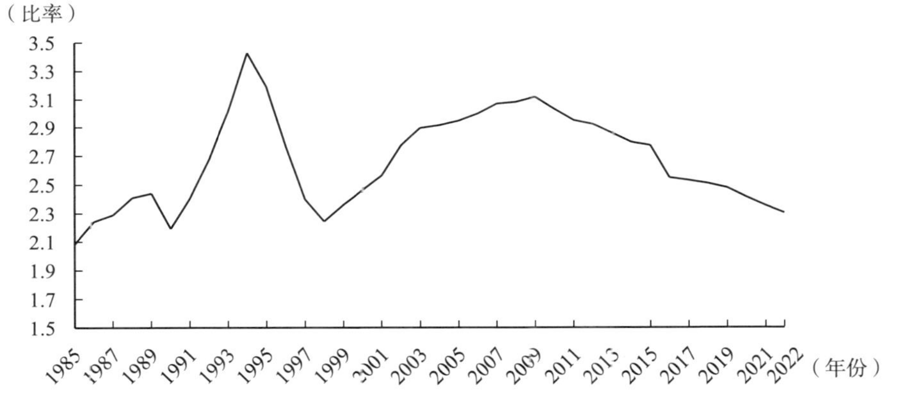

图8-6　1985~2022年城乡收入差距的变动情况

注：(1) 城乡收入差距=城镇居民可支配收入÷农村居民可支配收入；(2) 农村居民和城镇居民可支配收入分别以1985年为基期，采用农村消费价格指数和城市消费价格指数进行平减。

资料来源：历年《中国统计年鉴》。

如图8-6所示，我国城乡收入差距一直保持在两倍以上。其中，1990~1998年，受到经济体制改革和经济波动的影响，城乡收入差距出现了巨大波动。从1999年开始，城乡收入差距进入快速上升期。2004年开始，二者差距增速开始放缓，并且在2009年达到峰值，为3.12倍。从2010年开始，城乡收入差距一直处于下降趋势，2016年后下降速度开始变缓。2022年，城乡收入差距为2.3倍，为1998年以来的最低值。2010年以来城乡收入差距下降的原因可能在于以下两个方面。一方面是随着农业部门剩余劳动力的转移和非熟练劳动力工资水平的上涨，农村居民的工资性收入增加。2015年，农村居民可支配收入中工资性收入首次超过经营净收入，成为其最主要的收入来源。2022年，农村居民工资性收入是2013年农村居民工资性收入的1.91倍。另一方面是收入分配政策向农村地区倾斜，使得农村居民的财产净收入和转移净收入增加。2022 年，农村居民财产净收入和转移净收入分别是 2013 年农村居民财产净收入和转移净收入的 2.15 倍和 2.22 倍。2016 年之后，城乡收入差距缩小速度放缓，主要是由于农业生产净收入和非熟练劳动力收入增速的放缓。总体来看，2010 年开始，城乡收入差距已经进入下降区间，表明我国二元经济转型已经进入新的阶段。非农部门资本积累使得收入分配有利于城镇地区的状况已经改变，为经济通过刘易斯第一转折区间提供了经验证据。

8.4.3 区域间经济差距

除了劳动收入份额和城乡收入差距以外，收入分配的改善还体现在区域差距上。二元经济转型初期，东部地区率先发展战略使得农业部门剩余劳动力由中西部地区向东部地区转移，区域间经济差距呈扩大趋势。随着非农部门劳动力由无限供给转为有限供给，中西部地区由于劳动力成本优势获得发展机会，区域间经济差距将会缩小。笔者采用东中西部地区人均 GDP 之比的指标，对我国区域间收入差距的变动情况进行考察。

如图 8－7 所示，我国区域经济差距主要体现在东部和中西部之间。1980 年，东部地区人均 GDP 分别是中部地区和西部地区的 1.51 倍和 1.48 倍，中部地区是西部地区的 0.98 倍，二者大致相同。随着东部地区经济率先发展战略的施行，东部地区与中西部地区之间的人均 GDP 差距从 1990 年开始出现扩大趋势。2005 年之后，东部地区与中西部地区的人均 GDP 差距开始缩小，并且于 2008 年进入加速下降区间。2012 年之后，其下降速度开始放缓。从中西部地区来看，中部地区和西部地区的人均 GDP 差距从 1996 年之后出现上升趋势，在 2005 年达到峰值后进入下降区间。但是 2014 年之后，中部地区和西部地区的人均 GDP 差距又有所扩大。2021 年，东部地区人均 GDP 分别是中部地区和西部地区的 1.68 倍和 1.80 倍，中部地区是西部地区的 1.07 倍。区域间经济差距高于 1980 年的水平。总体来看，区域间经济差距在 2004 年达到峰值，从 2005 年开始下降，并从 2008 年进入加速下降区间，这一时期恰好是农民工工资开始上涨的时期，表明东部地区劳动力成本的上升为中西部地区经济发展提供了机会。从农民工收入数据（消除价格指数之后的实际值）来看，2008～2021 年，东部地区农民工月收入与中部地区的差值从 77 元扩大到 435 元，与西部地区的差值从 79 元扩大到 531 元，表明与东部地区相比，西部地区非熟练劳动力工资水平具有一定的竞争优势。总体来看，2004 年之后，东中西部地区经济差距的缩小，为经济到达刘易斯第一转折区间提供了佐证。

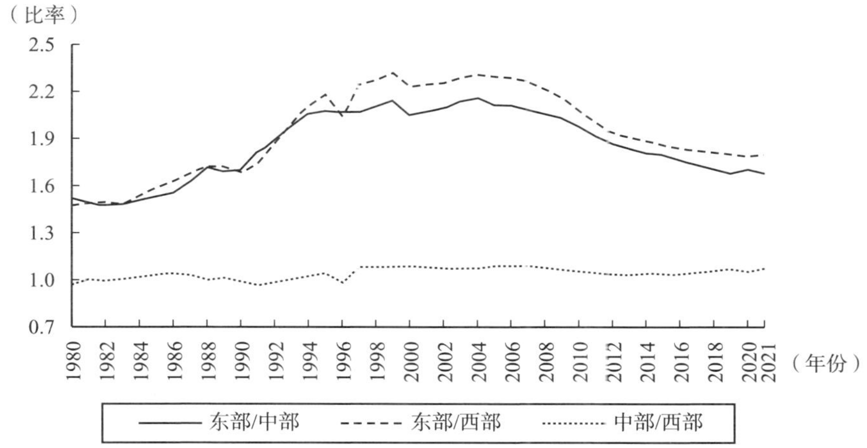

图 8－7　1980～2021 年东中西部人均 GDP 之比的变动情况

注：（1）按照国家统计局的划分标准，东部地区包括北京、天津、河北、辽宁、上海、江苏、浙江、福建、山东、广东、广西、海南；中部地区包括山西、内蒙古、吉林、黑龙江、安徽、江西、河南、湖北、湖南；西部地区包括四川、贵州、云南、西藏、陕西、甘肃、宁夏、青海、新疆；（2）GDP 数据是以 1980 年为基期，按照各省 GDP 平减指数调整后的实际值。

资料来源：历年《中国统计年鉴》。

8.5　东亚经验的比较

20 世纪 50 年代以来，东亚部分经济体经历了快速的经济发展，日本、韩国和我国台湾地区被公认已成功实现了二元经济转型。南亮进等学者对这些国家（地区）刘易斯转折的判断，为我国经济刘易斯转折提供了实证经验。但是结合我国的经济特征和制度安排，二元经济转型过程更加复杂。本节将首先对日本、韩国和我国台湾地区刘易斯转折判断的经验进行总结，然后据此对中国经济刘易斯转折进行判断。

8.5.1　东亚经济体刘易斯转折的判断

第一，基于 Minami 标准将农业部门劳动边际生产率与生存部门工资进行比较，是东亚经济体刘易斯转折判断的主要方法。南亮进（1973）对日本的研究发现，农业劳动力边际生产率与工资率的相关系数在 1894～1940 年为 0.32，而 1951～1963 年为 0.94，远高于二战之前的水平。白暮凯（1982）对韩国的研究表明，1969 年前后农业部门劳动边际生产率已经超过了农业实际工资水平。金昌男（2014）的研究则发现，农业劳动边际生产率在 1972 年超过农业工资水平。李月（2008）对我国台湾地区的研究发现，1953 ~ 1967 年我国台湾地区农业实际工资与劳动边际生产率的相关关系并不显著，而 1968 ~ 1978 年两者相关关系则达到 0.983。由此可知，农业实际工资由劳动边际生产率决定，是判断经济是否通过刘易斯转折的主要依据。

第二，从工资上涨指标来看，韩国和我国台湾地区的生存工资水平在 20 世纪 60 年代之前都经历过长期不变的阶段。韩国制造业工资从 20 世纪 60 年代末开始缓慢上涨，直到 20 世纪 70 年代中期才开始加速上涨（金昌男，2014）。台湾地区农业雇工工资从 20 世纪 60 年代后半期进入加速上涨区间（李月，2008）。因此，工资加速上涨是判断非农部门劳动力从无限供给到有限供给的重要标准。

第三，从劳动力市场供求来看，日本农业部门第一产业劳动力的净转出率在 1987 ~ 1940 年只有 0.9%，而到了 1954 ~ 1970 年，这一比率达到 4.7%（南亮进，2014）。韩国非农部门的劳动供给弹性从 19 世纪 70 年代早期开始降低，于 1975 年达到最低点（Bai，1982）。我国台湾地区从 1967 年开始，招聘人数超过应聘人数（李月和邓露，2014）。

第四，以上东亚三个经济体在经历刘易斯转折点之后，均经历了两个部门工资差距下降、城乡收入差距下降和收入分配改善等状况。二战之前日本两个部门的工资差距和居民收入分配都呈现恶化趋势，而在 20 世纪 60 年代通过刘易斯转折点之后，出现了工资差距缩小和收入分配改善的情形（南亮进，1968）。韩国的基尼系数在 1976 年最高，达到 0.390，此后持续走低，到 1996 年降至 0.295（金昌男，2014）。我国台湾地区的基尼系数于 1968 年达到峰值，为 0.362，此后随着刘易斯转折点的到来，基尼系数呈逐渐下降的趋势（李月和邓露，2014）。

分析以上证据可以发现，由于判断的时期比较早或者使用的转折点模型不同，这些文献在对东亚经济体刘易斯转折进行判断时，并未明确指出判断的是哪一个转折点。基于 Minami 标准的判断可知，这三个经济体在相应的判断时期通过的是“MPL = W”的刘易斯第二转折点。由于这三个经济体在 20 世纪 60 年代都经历了的农业绿色革命，农业技术变革使得农业劳动边际生产率得到了快速提升，因此在非农部门工资加速上涨的点，正好对应的是农业部门劳动边际生产率等于工资的点。由此可以判断，它们的二元经济转型过程对应的理论模型，是费景汉和拉尼斯提出的两个刘易斯转折点重合的情形（见图 1 - 3）。此外，笔者推测，这三个经济体虽然通过刘易斯第一转折点和第二转折点的间隔时间较短，但是由于城市传统部门的存在，农业部门的转折点与非农部门的转折点可能并不一致。白暮凯（1982）对韩国的研究发现，韩国农业部门的转折点和整个经济的转折点并不是同步的。城市传统部门作为非充分就业劳动者的蓄水池，聚集着比农业部门更多的剩余劳动力。城市传统部门的劳动边际生产率在经济发展初期保持在较低水平，增长速度慢于农业部门。当农业部门的劳动边际生产率已经超出生存工资水平，通过刘易斯第二转折点时，城市传统部门仍处于生存工资的水平，因此整个经济的转折点会晚于农业部门的转折点。

8.5.2　根据东亚经验比较的判断

首先，根据以上分析可知，日本、韩国和我国台湾地区，刘易斯转折判断对应的是两个转折点重合的情形（见图 1－3），而中国经济刘易斯转折判断对应的模型是两个刘易斯转折点的模型（见图 1－2）。根据以上对日本、韩国和我国台湾地区相关文献的分析可知，这三个经济体在通过刘易斯转折时的劳动边际生产率都高于本书第 6 章的估算结果，因此从这个标准判断，中国经济并未通过刘易斯第二转折点。

其次，中国农业部门劳动力集聚水平依然偏高。根据南亮进（1973）的研究，从第一产业劳动力转移速度来看，日本在 1961～1970 年第一产业转出率最高为 5.63%，1971～1980 年继续保持 5.46% 的转出速度，直到 1980 年之后，第一产业劳动力转出速度开始下降。而根据《中国统计年鉴》数据，我国第一产业就业人员从 2004 年开始加速转出，2004～2014 年，平均每年转移速度为 4.2%，但是 2015 年之后劳动力转移速度开始下降，表明我国第一产业就业人员的高速转移时期短于日本同期水平。进一步对比发现，日本第一产业就业人员占比从 1960 年的 30.2% 下降到 1970 年的 17.4%，十年间下降了 12.8 个百分点。而中国第一产业就业占比从 2004 年的 46.9% 下降到 2014 年 29.5%，十年间下降了 17.4 个百分点。但是 2022 年中国第一产业就业占比依然高达 24.1%。表明虽然我国第一产业就业人员数量经历了快速的下降期，但是直到 2022 年，第一产业就业占比依然高于日本 1970 年的水平。这意味着中国农业部门劳动力占比偏高，进一步表明中国经济尚未通过刘易斯第二转折点。

再次，从非熟练劳动力工资上涨指标来看，日本、韩国和我国台湾地区的非熟练劳动力工资加速上涨判断的是刘易斯第二转折点，而中国非熟练劳动力工资从 2004 年开始进入加速上涨区间，此时对应的是刘易斯第一转折点。笔者认为，这可能是由于即使在非农部门劳动力无限供给的阶段，农业部门工资或生存水平工资也不是固定不变的，而是呈缓慢上涨的趋势。因此如果从某一个时间点来看，之前的时间段生存工资水平都会呈现一定的上升趋势，这提醒我们，非熟练劳动力工资上涨或加速上涨不能作为经济是否通过刘易斯转折的主要判断标准，而只能作为辅助标准。

最后，日本、韩国和我国台湾地区经过刘易斯转折点之后，都出现工资差距缩小和收入分配改善的情况。从中国的相关数据来看，农民工与城镇就业人员的收入差距是扩大的，但是城镇正规就业和非正规就业收入差距、劳动收入份额差距、城乡收入差距和东中西部的经济差距都出现缩小态势。因此，总体上可以判断，中国已经经历过收入差距持续扩大的阶段，收入分配状况得到了一定的改善。但是这些证据还不能构成判断中国经济已经通过刘易斯第二转折点的充分条件。

8.6　小　　结

基于刘易斯－费景汉－拉尼斯模型，笔者提出四个刘易斯转折判断的衍生标准。在此基础上，采用部门间平均劳动生产率、农村劳动力转移速度、三次产业就业需求弹性、求人倍率、劳动收入份额、城乡收入差距和区域间经济差距等指标，对中国经济刘易斯转折进行判断。结果如下。

一方面，第二产业和第三产业相对于第一产业的相对劳动生产率从2004年开始下降；2004～2014年是农业剩余劳动力转移和非熟练劳动力工资上涨最快的时期；三次产业就业需求弹性在2004年和2013年发生了重要变化；城市地区求人倍率从2011年开始大于1；劳动收入份额、城乡收入差距和区域间经济差距在2004年前后开始进入下降区间。这些证据表明，2004年之后，中国劳动力市场和宏观经济运行进入了一个新的阶段，中国经济至少进入了刘易斯第一转折区间。

另一方面，结合东亚经验的比较发现，农业部门劳动边际生产率是判断刘易斯转折点的主要标准，其他标准只能作为辅助。尤其是2004年以来，非熟练劳动力工资的上涨和劳动力市场供求的变化，都是在农村剩余劳动力并未枯竭的时候发生的，因此还需要应用多种标准对中国经济的刘易斯转折问题进行综合判断。

第9章　中国经济刘易斯转折的综合判断

9.1　主要研究结论汇总

本书第3章至第8章分别采用农村剩余劳动力估算、Minami标准、城镇正规就业和非正规就业收入差距以及四个衍生标准，对中国经济刘易斯转折进行判断。由于现实经济的复杂性，依据不同的判断标准可能会得出不同的结论，而这些结论之间并非完全互斥，而是需要运用多种结果进行综合判断。这不仅有助于厘清中国二元经济转型过程的一般性与特殊性特征，而且能够更好地为制定促进二元结构转型的政策提供理论和经验依据。为了更清晰地反映第3章至第8章的研究结果，笔者将主要实证结论汇总至表9-1。

表9-1　刘易斯转折判断的主要实证结论汇总结果

章节	研究内容	主要结论
第3章	全国绝对剩余劳动力的估算	2010~2018年，绝对剩余劳动力数量从13322万人下降到3692万人，隐蔽性剩余劳动力数量从7787万人下降到717万人；2018年全国显性剩余劳动力的数量为2975万人，占绝对剩余劳动力总量的80.6%
	全国相对剩余劳动力的估算	2010~2018年，相对剩余劳动力数量从10282万人下降到5369万人；2018年，能够向本地非农就业和外出就业转移的相对剩余劳动力数量分别为4318万人和1051万人
第4章	分区域绝对剩余劳动力的估算	2015年，东中西部和东北部四大区域绝对剩余劳动力数量分别为322万人、2177万人、2229万人和972万人，隐蔽性剩余劳动力数量分别为-273万人、1277万人、1827万人和451万人
	分区域相对剩余劳动力的估算	2015年，东中西部和东北部四大区域相对剩余劳动力数量分别为2828万人、2417万人、2171万人和297万人，相对剩余劳动力数量与经济发展水平成反比

续表

章节	研究内容	主要结论
第5章	农业部门生产要素投入变动	2004年之后，六种农产品要素投入中出现明显的资本代替劳动的特征；大中型拖拉机及其配套农具数量从2004年开始进入上升区间，2010年之后加速上升，2017年之后呈现波动下降趋势
		农户劳均耕地面积从2003年开始出现上升趋势；家庭承包耕地流转比例从2007年进入明显的上升区间，2017年之后增速明显放缓
第6章	Minami标准一：农业部门劳动边际生产率与农业部门工资的比较	粳稻、小麦、玉米、大豆、油菜籽和棉花劳动边际生产率首次转为正值的时间分别为2001年、2002年、2005年、1989年、1994年和1997年
		2005年之后，农产品劳动边际生产率经历了从快速上涨到缓慢上涨的变动过程；2005～2014年是农产品劳动边际生产率增速最快的时期
		直到2018年，六种农产品劳动边际产品价值依然远低于农业雇工工资和农民工工资
	Minami标准二：农业部门劳动边际生产率与农业部门工资的相关系数	六种农产品的劳动边际产品价值与农业部门工资的相关系数在0.033～0.754
	Minami标准三：农业部门实际工资的动向	2004年开始，家庭用工折价和农业雇工价表现出明显的上涨趋势；2009～2013年呈现加速上涨趋势；2014年之后增速明显下降
	Minami标准四：工资差距的变化	2000年后城镇单位就业日工资与非熟练劳动力工资水平差距逐渐拉大；2009～2014年呈缩小趋势；2015年之后差距再次扩大
	Minami标准五：劳动供给弹性	2004年之后，非熟练劳动力的劳动供给曲线明显向右倾斜；农民工劳动供给曲线出现明显的增长态势，并从2008年开始农民工劳动供给曲线变得相对平缓
第7章	城镇正规就业与非正规就业收入差距的实证检验	1997年以来，城镇正规就业与非正规就业的收入差距总体上呈现由正转负的变动过程；2015年，二者收入差距呈缩小态势

续表

章节	研究内容	主要结论
第 8 章	衍生标准一：农业部门和非农部门平均劳动生产率的差距	2003 年开始，第一产业平均劳动生产率进入加速上升区间，这也是第一产业劳动力数量开始下降的时间
		第二产业和第三产业相对平均劳动生产率从 2003 年开始进入下降区间，但是当前第二产业和第三产业的相对劳动生产率依然较高，远高于发达国家平均水平
	衍生标准二：劳动力市场供求	2004～2014 年是农业剩余劳动力转移和非熟练劳动力工资上涨最快的时期；2015 年前后，剩余劳动力转移和非熟练劳动力工资上涨速度都呈下降趋势
		2008～2012 年，第二产业就业需求弹性明显高于 2004～2007 年；2013～2019 年，第二产业就业需求弹性出现负值，同时第三产业就业需求弹性进入上升区间
		2004 年城市地区求人倍率为 0.94；从 2011 年开始，求人倍率开始持续大于 1
	衍生标准三：收入分配的改善	2004～2007 年，劳动收入份额出现下降趋势；2012 年进入稳定上升区间
		城乡收入差距在 2009 年达到峰值，为 3.12 倍；2010 年开始一直处于下降趋势；2016 年之后下降速度变缓
		2005 年之后，东部与中西部地区的人均 GDP 差距开始缩小；2008 年之后进入加速下降区间；2014 年之后下降速度明显放缓
	衍生标准四：东亚经验的比较	日本、韩国和我国台湾地区，刘易斯转折判断对应的是两个转折点重合的模型（见图 1－3），而中国经济刘易斯转折判断的是两个转折点的模型（见图 1－2）
		中国的非熟练劳动力转移速度由高速向低速转变的时间快于同时期的日本

9.2　刘易斯第一转折的判断

按照刘易斯－费景汉－拉尼斯模型，在经济通过刘易斯第一转折点时，会出现三个重要现象：一是农业部门劳动边际生产率开始大于零；二是农业部门零值剩余劳动力消失；三是非熟练劳动力的生存工资开始上涨。由于现实经济的复杂性，某个特定经济体在二元经济转型过程中，这三个现象出现的时间点可能并不完全一致，但是可以根据这三个现象出现的时间段大致判断出经济通过刘易斯第一转折的“区间”。

9.2.1 农村剩余劳动力数量的变动分析

根据第3章和第4章的研究可知，首先，全国绝对剩余劳动力数量从2010年的13322万人下降到2018年的3692万人，其中隐蔽性剩余劳动力数量从7787万人下降到717万人。表明按照实际投入的农业劳动力数量计算，剩余劳动力数量已经接近于零，意味着至少在2018年，我国经济已经总体上通过了刘易斯第一转折点。其次，2018年全国显性剩余劳动力的数量为2975万人，占绝对剩余劳动力总量的80.6%，表明我国当前绝对剩余劳动力的主要表现为“公开失业”或“非充分就业”，而这些劳动力一般年龄偏大且受教育程度偏低，很难促进其充分就业。再次，全国相对剩余劳动力数量从2010年的10282万人下降到2018年的5369万人，能够向本地转移的相对剩余劳动力数量在2014年达到峰值之后进入下降区间。到2018年，能够向外出就业转移的相对剩余劳动力数量分别为4318万人和1051万人。这些证据表明当前我国农村剩余劳动力向非农部门的转移潜力已经处于较低水平。最后，2015年，东部地区绝对剩余劳动力数量和隐蔽性剩余劳动力数量分别为322万人和-273万人，表明无论按照实际农业投入劳动力标准，还是按照“充分就业”标准，东部地区农业剩余劳动力数量都处于极低水平，意味着东部地区已经通过刘易斯第一转折点。2015年中西部和东北地区绝对剩余劳动力数量分别为2177万人、2229万人和972万人，隐蔽性剩余劳动力数量分别为1277万人、1827万人和451万人，表明中西部和东北地区还存在一定数量的相对剩余劳动力，促进这些地区剩余劳动力继续转移，是增加非农部门劳动力供给的主要渠道。

9.2.2 农业部门劳动边际生产率的变动分析

根据第5章和第6章的研究可知，首先，2004年前后，六种农产品要素投入中都出现劳动投入量减少、资本投入量增加的特征。其中劳动节约型的大中型拖拉机及其配套农具数量在2004~2016年保持快速上升态势。劳均耕地面积和家庭承包耕地流转比例分别在2003年和2007年进入上升区间。这些证据表明2004年之后农业部门劳动力开始变得紧张，农业要素投入和技术进步开始向着节约劳动、增加资本和土地的方向转变。其次，粳稻、小麦和玉米三种粮食作物的劳动边际生产率在2001～2005年由负转正，大豆、油菜籽和棉花三种经济作物的劳动边际生产率在1989～1997年由负转正。总体来看，三种粮食作物劳动边际生产率由负转正的时间晚于三种经济作物。考虑到粮食作物的市场化进程落后于经济作物，而且粮食作物的耕种面积和劳动力投入量更多，根据粮食作物劳动边际生产率由负转正的时间判断，我国经济至少在2004年前后已经进入刘易斯第一转折区间。最后，2005年之后，农产品劳动边际生产率经历了从快速上涨到缓慢上涨的变动过程。2005～2014年是六种农产品劳动边际生产率增速最快的时期，从2015年开始，六种农产品的劳动边际生产率增速明显下降。2015～2019年，三种粮食作物和三种经济作物的平均劳动边际生产率增速分别比2005～2014年下降27.2个百分点和8.8个百分点。农产品劳动边际生产率增速下降的主要原因在于家庭耕地面积限制了劳动产出弹性的提升，以及农业政策改革导致的农产品价格波动。推动农地规模化经营和提高农产品价格是推动农业劳动边际生产率提升的有效途径。

2005～2014年不仅是六种农产品劳动边际生产率增速最快的时期，也是农业劳动力转移速度和农民工工资增速较快的时期。2015年前后，农产品劳动边际生产率、农业劳动力转移速度和农民工工资增速都呈缓慢上涨趋势，表明非熟练劳动力市场供求发生了质的变化，非农部门劳动力不再是无限供给，进一步为经济已经通过刘易斯第一转折区间提供了经验证据。

9.2.3　非熟练劳动力工资的变动分析

第6章的Minami标准三和标准四，采用了农业部门家庭用工折价、农业部门雇工价和农民工工资三种工资水平对非熟练劳动力工资的变动进行考察。其中农业部门家庭用工折价和雇工价代表农业部门非熟练劳动力工资，农民工工资代表非农部门非熟练劳动力工资。一般来说，农民工工资应当高于农业部门工资，二者差值可以看作是农业劳动力向非农部门转移的成本。一方面，三种工资水平开始上涨的时间点略有差异。其中农民工工资在2000年之后开始进入明显的上升区间，2008年之后进入加速上涨区间。而家庭用工折价和农业雇工价2004年之后进入上涨区间，并于2010年进入加速上涨区间。另一方面，三种工资水平增速都经历先加速上涨后波动下降的变动趋势。其中农民工工资在2016年之后增速明显放缓，而家庭用工折价和农业雇工价则于2014年前后进入缓慢增长区间。总体来看，非熟练劳动力工资在2004年前后出现了显著的上涨趋势，并在2004～2014年保持了较快的上涨速度，2014年之后增速明显放缓。这些证据表明，2004 年之后，非熟练劳动力工资确实出现了加速上涨趋势。但是现实经济运行中导致非熟练劳动力工资上涨的因素很多，只有在排除这些因素之后，因劳动力市场供求导致的非熟练劳动力工资上涨才能作为刘易斯转折的判断标准。对此，笔者将在 9.4.1 节进行分析。

9.2.4 非农部门劳动力市场供求的变动分析

第 6 章的 Minani 标准五和第 8 章的衍生标准二，对非农部门劳动力市场供求进行了分析。首先，2004 年之后，非熟练劳动力的劳动供给曲线明显向右倾斜；同时，农民工劳动供给曲线出现明显的增长态势，并从 2008 年开始农民工劳动供给曲线变得相对平缓。其次，第一产业就业人员从 2003 年开始进入连续的负增长区间，2004 年农民工总量转移速度明显加快，直到 2014 年前后，农民工总量和外出农民工的转移速度进入明显的下降区间。再次，第二产业就业需求弹性在 2008 ~ 2012 年明显高于 2004 ~ 2007 年。2013 ~ 2019 年，第二产业就业需求弹性出现负值，同时第三产业就业需求弹性进入上升区间。最后，2004 年城市地区求人倍率为 0.94，从 2011 年开始，求人倍率开始持续大于 1，2021 年求人倍率超过 1.5。结合上文分析，非熟练劳动力工资从 2004 年开始进入明显的上涨区间，可以得出结论，2004 年之后，非熟练劳动力市场的供求关系发生了质的变化，非熟练劳动力无限供给的时代已经过去，经济已经进入刘易斯转折区间。

通过以上分析，可以发现关于我国刘易斯第一转折点的实证结果有以下几个重要的时间节点：一是 2004 年前后，农业部门生产要素投入出现明显的资本代替劳动的特征，粮食作物劳动边际生产率水平由负转正，非熟练劳动力工资和转移速度开始出现明显上涨；二是 2010 年前后，农业部门非熟练劳动力工资出现加速上涨，第二产业就业需求弹性显著增加，城市地区求人倍率开始持续大于 1；三是 2014 年之后，农业部门资本对劳动的替代速度、六种农产品劳动边际生产率增速、非熟练劳动力转移速度和工资增速以及相对剩余劳动力本地转移速度都出现下降趋势。综合这些证据可以得出结论，2004 年我国已经出现了通过刘易斯第一转折的三个重要现象中的两个现象，即农业部门劳动边际生产率由负转正、非熟练劳动力工资出现显著上涨。2014 年，农业部门劳动边际生产率增速、非熟练劳动力转移速度和工资上涨都开始变慢，且隐蔽性剩余劳动力已经处于较低水平，尤其是东部地区隐蔽性剩余劳动力出现负值，表明我国零值剩余劳动力出现枯竭，非熟练劳动力市场供求关系发生逆转。因此，笔者判断，中国经济从 2004 年开始进入刘易斯第一转折区间，最晚于 2014 年已经完全通过了刘易斯第一转折区间。

9.3　刘易斯第二转折的判断

根据刘易斯 - 费景汉 - 拉尼斯模型，刘易斯第二转折点的判断标准是明确的，即农业部门劳动边际生产率等于农业部门工资，即 MPL = W，以及农业部门与非农部门劳动边际生产率相等且等于工资水平。即使是发达国家，农业部门和非农部门劳动生产率都存在一定差距（Gollin et al.，2014），因此两部门劳动边际生产率相等的标准可以放松为“稳定趋同”。此外，根据东亚经济体的经验，在经济通过刘易斯第二转折点之后，会出现收入差距缩小和收入分配改善的现象。根据这些标准，笔者对中国经济是否通过刘易斯第二转折点进行判断。

首先，从农业部门劳动边际生产率与工资的比较来看，一方面，根据第 6 章的 Minami 标准一，2019 年三种粮食作物和三种经济作物的平均劳动边际生产率分别为 1.331 元和 5.830 元，远低于同期的农业雇工工资 19.672 元和农民工工资 25.912 元。另一方面，根据第 6 章的 Minami 标准二，六种农产品的劳动边际生产率与农业部门工资的相关系数在 0.033 ~ 0.754，显著小于 1。此外，根据第 8 章的衍生标准一，2022 年第二产业和第三产业的平均劳动生产率分别是第一产业的 11.87 倍和 3.43 倍，远高于发达国家的平均水平。这些证据表明，农业部门劳动边际生产率低于农业部门工资水平，而且与非农部门劳动生产率存在较大差距。因此可以判断，经济尚未通过刘易斯第二转折点。

其次，从收入差距的比较来看，一方面，根据第 6 章的 Minami 标准四，采用农业部门家庭用工折价、农业部门雇工价和农民工工资三种非熟练劳动力工资与城镇单位就业人员工资进行比较发现，2000 年之后城镇单位就业日工资与非熟练劳动力工资水平差距逐渐拉大。2009 ~ 2014 年，随着非熟练劳动力工资的快速上涨，其差距呈现出缩小趋势。2015 年之后，由于非熟练劳动力工资增速的下降，其差距再次扩大。另一方面，第 7 章对正规就业和非正规就业收入差距的实证研究发现，1997 年以来，城镇正规就业与非正规就业的收入差距总体上呈现由正转负的变动过程。2015 年，非正规雇主、非正规自雇和非正规雇员与正规就业的收入差距都有所下降，意味着熟练劳动力与非熟练劳动力的收入差距出现了缩小态势。这一结果与 Minami 标准四的结果并不一致。考虑到第6章的结果缺乏严格的实证过程，第7章使用的数据截止到2015年，缺乏更近年份的数据。因此，熟练劳动力和非熟练劳动力的收入差距是否得到改善，还需要更多的经验证据。

最后，从收入分配的改善来看，根据第8章的衍生标准三可知，一是劳动者报酬占GDP的比重在2004～2007年出现了下降，并且从2012年开始进入稳定的上升区间。2017年劳动者报酬占GDP的比重为47.5%，比2002年上升了1.9%。二是城乡收入差距在2009年达到峰值，从2010年开始，一直处于下降区间，并从2016年起下降速度开始变慢。2022年，城乡收入差距为2.3倍，为1998年以来的最低值。三是东部与中西部地区的人均GDP差距从2005年开始缩小，并且在2008年进入加速下降区间。2012年之后，下降速度开始放缓。2022年，东部地区人均GDP分别是中部地区和西部地区的1.68倍和1.8倍，高于1980年的水平。这些证据表明在2004年经济到达刘易斯第一转折点时，收入分配出现恶化，到2012年前后，收入分配开始改善。同时在2014年之后，由于非熟练劳动力工资增速放缓等因素的影响，城乡收入差距和区域间经济差距缩小的速度有所下降。

通过以上分析可以得出结论，以农业部门劳动边际生产率与工资关系的标准来看，我国经济并未通过刘易斯第二转折点。从收入差距和收入分配的标准来看，在经济通过刘易斯第一转折区间时，收入差距和收入分配状况出现恶化，在经济通过刘易斯第一转折区间之后，收入差距和收入分配状况得到了改善。考虑到农业部门劳动边际生产率的提升需要对土地、资本、技术等农业生产要素进行重新配置，推动农业劳动力继续向非农部门转移并且实现在城镇地区就业和落户等，需要一系列的政策改革和制度支持，以及我国当前农业部门和非农部门劳动生产率差距、城乡和区域间收入差距水平依然较大，笔者认为，我国还需要相当长的时间才能通过刘易斯第二转折点。

9.4 中国经济刘易斯转折“悖论”的解释

9.4.1 非熟练劳动力工资上涨原因的解释

如9.2.3节所述，非熟练劳动力工资的上涨是判断经济通过刘易斯第一转折点的重要标准。2004年前后，农业部门家庭用工折价、农业部门雇工价和农民工工资非熟练劳动力工资都出现了显著的上涨趋势。但是由于现实经济运行中导致非熟练劳动力工资上涨的因素很多，尤其是我国在 2004 年前后的农业政策和劳动力市场政策都进行了重要调整，因此，2004 年非熟练劳动力工资上涨是否能够作为支持经济到达刘易斯第一转折区间的证据，学术界存在较大的争论。根据本书的研究结论，笔者尝试对一些观点进行分析，从而确定非熟练劳动力工资上涨的主要原因。

观点 1：2004 年的农民工工资上升是由于取消农业税和城市最低工资制度的实施，以及处于人口结构变化的特殊时期，而不是因为农村剩余劳动力枯竭（田岛俊雄，2008；南亮进和马欣欣，2014）。这类观点把非熟练劳动力工资的上涨看作是人口结构变化、政策改革等因素的影响。对此笔者认为，一方面，取消农业税等农业改革政策，可以解释农业部门非熟练劳动力工资在 2004 年前后的激增，但是作为一次性的政策改革，不能解释 2004 年之后非熟练劳动力工资的加速上涨。另一方面，最低工资制度的实施和人口结构的变化可以解释部分非熟练劳动力群体，比如工资水平接近最低工资或 30 岁以下的青年农民工工资的上涨，但是不能解释不同收入水平、不同年龄层次农民工收入的普遍上涨。

观点 2：农民工工资上涨可能是由于房租、交通、教育、医疗等转移成本的上升（曹宗平，2009）。转移成本是指农业部门劳动力转移到城市地区就业的成本。如果非熟练劳动力工资的上涨是由于转移成本的上升，那么不能解释农业部门家庭用工折价和农业部门雇工价的上涨。因为农业部门劳动力是在农村地区就业，其收入不包括为转移所支付的经济成本，以及相应的心理成本和社会成本，同时也不能解释农民工内部的本地农民工和外出农民工工资的同时上涨。因为本地农民工也是在乡镇地区就业，只有外出农民工才需要付出转移成本。

观点 3：农民工工资上涨速度低于 GDP 增速，农民工工资并没有出现相对于城镇职工工资的快速上涨（刘怀宇和马中，2011；袁志刚，2010）。关于这一点，主要是由于在对刘易斯转折进行判断时没有区分两个转折点。根据刘易斯 - 费景汉 - 拉尼斯模型，在经济通过刘易斯第一转折点之前，非熟练劳动力工资由生存工资决定，因此与熟练劳动力的工资差距呈扩大趋势。在经济通过刘易斯第一转折点之后，非熟练劳动力工资开始上涨，但是如果增长速度较慢，那么与熟练劳动力工资的差距可能进一步扩大。当经济通过刘易斯第二转折点之后，非熟练劳动力与熟练劳动力的工资差距可能缩小。从第 6 章的 Minami 标准四来看，熟练劳动力与非熟练劳动力的工资差距在 2009 ~ 2014 年出现了缩小趋势。总之，非熟练劳动力增速低于熟练劳动力增速，不能作为否定经济到达第一转折区间的经验证据。

观点4：根据1.3.3节对工业部门工资提前上涨问题的分析，在二元经济转型的第一阶段，在农业总产出不变的情况下，维持生计部门人口或劳动力数量的减少，会引起未转移的农业部门劳动力的平均产出增加，从而导致非熟练劳动力工资的提前上涨（南亮进，2014；胡景北，2015）。根据8.3.1节的结论，我国第一产业劳动力数量从2003年开始出现下降，与2004年非熟练劳动力工资上涨的时间基本重合，这意味着非熟练劳动力工资的上涨可能是由于农业劳动力数量下降导致的农业平均产出的增加。对此，笔者认为，如果这一点成立，那么农业部门工资上涨的速度与农业劳动力转出的速度应保持一致，即二者应当是线性关系。笔者以第一产业劳动力转移速度为横轴，以农民工工资增长速度为纵轴，考察二者的相关关系。如图9-1所示，随着第一产业就业人员转移速度的增加，农民工工资呈现加速上涨趋势，表明二者并不是简单的线性关系。这意味着农业部门劳动力的减少并不能完全解释农民工工资的增加。由此可以证明，非熟练劳动力工资的上涨并不只是由于农业劳动力绝对数量的下降引起的。

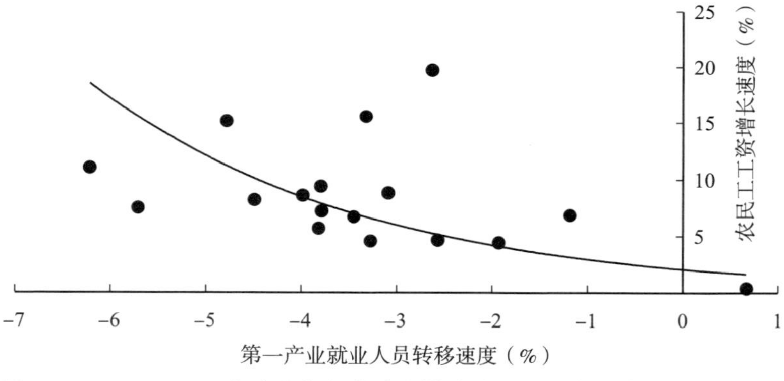

图9-1　2000~2020年农业部门劳动力转移速度和工资上涨速度的散点图

资料来源：历年《中国统计年鉴》；2000~2007年农民工工资数据来自卢峰（2012）、2008~2022年数据来自国家统计局发布的《农民工监测调查报告》。

通过对以上四种观点的分析，结合8.3节对非熟练劳动力市场供求关系变化的研究，笔者认为2004年之后非熟练劳动力工资的上涨主要是由劳动力市场供求状况发生变化引起的，因此可以作为判断经济到达刘易斯第一转折区间的经验证据。至于在农业部门剩余劳动力并未完全转出的情况下，劳动力市场供求为何会发生逆转，从而导致非熟练劳动力工资的上涨，则需要进一步对工资上涨和农村剩余劳动力并存的悖论进行解释。

9.4.2　工资上涨与农村剩余劳动力并存悖论的解释

根据9.2节和9.4.1节的分析可知，笔者主要是根据农业部门劳动边际生产率由负转正和非熟练劳动力工资上涨两个指标，判断经济从2004年开始进入刘易斯第一转折区间。从非熟练劳动力转移速度和工资增长速度变缓、隐蔽性剩余劳动力下降到较低水平等指标，判断经济最晚于2014年完全通过了刘易斯第一转折区间。这表明理论上跨越刘易斯第一转折点的三个现象，即农业部门边际生产率由负转正、非熟练劳动力工资上涨和零值剩余劳动力消失，在我国并不是同时发生的。而2004年前后的非熟练劳动力工资上涨与农村剩余劳动力并存，被认为是中国经济刘易斯转折的“悖论”，有必要对这一悖论进行解释。

第一，零值剩余劳动力的定义和估算方法。按照刘易斯（1954）最初的定义，零值剩余劳动力是指农业部门边际产出为零的劳动力。因此，与之相对应的零值剩余劳动力数量的估算方法是，估计农业部门生产函数，当劳动边际生产率大于零时，便可以认为不存在零值剩余劳动力了。笔者对六种农产品劳动边际生产率的估计结果显示，2004年前后，六种农产品的劳动边际生产率已经全部由负转正，那么可以认为我国已经不存在零值剩余劳动力。但是由于2004年东部沿海地区出现“民工荒”与农民工工资上涨现象时，与农业部门剩余劳动力并未枯竭的普遍认知不符。因此我国学者大多采用要素比例法、结构比较法、技术效率法和直接调研法等方法对剩余劳动力进行估算。但是这些估算方法基本是按照劳动力充分就业水平或基于新古典的最优技术水平对剩余劳动力进行估算，因而估算出的剩余劳动力数量偏高。本书第3章对绝对剩余劳动力的估算便是依据充分就业原则估算的，而对隐蔽性剩余劳动力的估算更接近零值剩余劳动力的概念。因此笔者认为，根据隐蔽性剩余劳动力数量较低，结合非熟练劳动力转移速度和工资上涨速度指标，对是否已经完全通过刘易斯第一转折区间进行判断是合理的。

第二，从东亚经济体的经验来看，这些经济体跨越刘易斯第一转折点的三个现象也不是同时发生的。日本在1960年通过刘易斯第二转折点时，第一产业就业人员比例为30.2%；韩国1970年通过刘易斯第二转折点时，第一产业就业人员比例为50%（南亮进，2008；金昌男，2014）。而中国2004年第一产业就业人员比例为46.9%，甚至略低于韩国1970年的水平。因此可以推断，如果按照要素比例法、结构比较法等对于中国农村剩余劳动力的估算方法，对日本和韩国的剩余劳动力进行估算，其在1960～1970年农业部门应当也存在并未实现充分就业的剩余劳动力。此外，根据日本和韩国的经验，非熟练劳动力工资的加速上涨和农业部门的劳动边际生产率等于工资是同时发生的。这可以反推，在日本和韩国农业部门劳动边际生产率小于工资的时期，非熟练劳动力工资并未出现加速上涨。由此可见，即使在东亚国家经验中，非熟练劳动力工资加速上涨和零值剩余劳动力消失也并不是同时发生的。

第三，一体化的非熟练劳动力市场导致工资传导速度快于劳动力转移速度。农业部门家庭用工折价、农业部门雇工价和农民工工资非熟练劳动力工资水平的变化，表明我国农业部门和非农部门的非熟练劳动力具有高度趋同性（见图6－3），这意味着我国非熟练劳动力市场是竞争性的。也就是说，虽然我国非农部门熟练劳动力市场和非熟练劳动力市场存在着制度性分割，但是农村部门劳动力在选择从事农业就业和非农部门非熟练劳动力市场就业时，基本不存在制度障碍。因此，在一体化的非熟练劳动力市场上，当局部地区或部分行业由于非熟练劳动力的结构性短缺而导致非熟练劳动力工资上涨时，会迅速引发整个非熟练劳动力市场工资的上涨。然而与工资上涨的传导速度相比，农业部门劳动力转移的决策时间显然更长，因此在经济刚到达刘易斯第一转折区间时，非熟练劳动力工资上涨的速度超过了剩余劳动力转移的速度。随着农业部门剩余劳动力的进一步转移，剩余劳动力转移的速度将赶上工资上涨的速度，使得二者同步上涨。因此，2004年之后，非熟练劳动力工资率先上涨，当时农业部门还存在剩余劳动力，由此出现了非熟练劳动力工资开始上涨的时间早于剩余劳动力枯竭的时间的现象。在2014年前后，农业部门剩余劳动力枯竭之后，随着产业结构的调整和经济增速的放缓，非熟练劳动力转移和工资上涨速度开始变慢，表明非熟练劳动力工资和转移速度出现同步性。

第四，农业部门劳动力剩余并不等于可转移的劳动力供给。根据第4章对2015年分省份和分区域农村剩余劳动力的估算结果可知，绝对剩余劳动力的比例与经济发展水平成反比，而相对剩余劳动力的比例与经济发展水平成正比。一方面，绝对剩余劳动力的估算结果显示，农村部门富余的剩余劳动力主要分布在中西部地区。另一方面，相对剩余劳动力的估算结果则显示，具有向非农就业转移的农业劳动力主要分布在经济发达的东部省份。因此，当经济发展水平较高的东部发达省份由于绝对剩余劳动力的减少，出现“民工荒”现象时，中西部地区富余的绝对剩余劳动力却并不具备向非农就业转移的潜力时，就会使得东部地区非熟练劳动力率先出现工资上涨。另外，根据笔者对不同省份的估算结果，即使同为中西部省份，绝对剩余劳动力和相对剩余劳动力的比例也存在较大差距。考虑到我国的大国经济特征，不同区域和省份之间的经济发展差距较大，劳动力的跨区域和跨省份转移决策需要时间。因此，在东部地区率先到达刘易斯第一转折区间出现“民工荒”时，局部区域或省份存在剩余劳动力，是必然出现的一般现象。

综合以上分析可知，在经济到达刘易斯第一转折区间的早期，出现发达地区“民工荒”和局部地区剩余劳动力并存的现象，这是一种正常的现象，而非具有特殊性的“悖论”。随着中国经济完全跨越刘易斯第一转折区间，剩余劳动力的枯竭导致农业部门劳动力转移速度和工资增长速度同时放缓。挖掘剩余劳动力转移潜力和提升农村转移劳动力就业质量成为推动经济顺利通过刘易斯转折第二转折点的关键。

第 10 章　建议与启示

10.1　跨越刘易斯转折的建议

改革开放以来，中国农村劳动力持续快速地向非农部门转移，极大地促进了中国的工业化和城市化进程，为中国经济增长与转型提供了重要动力。2004 年以来，农业劳动边际生产率由负转正、农村剩余劳动力数量和结构的变化等证据的出现，表明经济已经通过了刘易斯第一转折区间。非熟练劳动力的短缺和工资上涨成为常态，改变了中国经济运行特征。面对劳动力市场供求的结构性变革，需要采取一系列有针对性的应对措施，以提升劳动力的有效供给，为经济顺利通过刘易斯第二转折点提供政策支撑。

第一，充分挖掘农业部门剩余劳动力转移潜力。一方面，提高纯非农劳动力的就业时间。根据 CHIP2013 年数据，纯农业劳动力的每年工作天数仅为 210.8 天，如果能够提高这部分劳动力的农业就业时间，那么就能够置换出更多的非农劳动力。首先通过土地流转增加农户经营的土地面积，提高农业规模化经营水平，增加农业劳动时间；其次推动部分农户农业生产向经济附加值高、投入劳动时间较长的经济作物或畜牧业等转变；最后稳定农产品价格，降低从事农业生产的市场风险。另一方面，促进兼业劳动力分化。无论从年龄、受教育程度等因素还是从非农就业经验来看，兼业劳动力的非农就业潜力都高于纯农业劳动力，因此促进兼业劳动力向非农就业转移是提高剩余劳动力转移潜力的关键。首先鼓励支持有能力的兼业户向新型农业经营主体转变，促进兼业户融入现代农业的发展；其次合理调节兼业劳动者的工资性收入水平，提高兼业劳动力从事非农就业的比较收益；最后引导有意退出农业的兼业户离开农业，比如保障兼业户土地流转收益、增加农户转移性收入等。

第二，促进剩余劳动力就地转移。2018 年农业劳动力能够外出就业的转移潜力仅为1051万人，而向本地纯非农的转移潜力为4318万人，表明推动农业劳动力向本地纯非农转移是促进剩余劳动力转移的主要方式。随着经济增速的下降和经济增长动能的改变，推动乡村经济和中小城镇发展，对于增加本地非农就业机会具有重要意义。首先优化本地营商环境、激发市场活力，大力发展新产业、新业态、新模式，促进农民工本地自主创业和灵活就业；其次提升农村地区的教育、医疗、养老等社会保障水平，提升农村劳动力的健康劳动年限；最后完善农民工劳动合同、最低工资等劳动保护制度体系建设，保障农民工在获得劳动收入、安全卫生和社会保险等方面的合法权益。

第三，促进非正规劳动力高质量充分就业。我国二元经济转型的过程表明，相当数量的剩余劳动力从农业部门转移到非农部门后，并没有实现充分就业，而是进入了非正规部门就业。如何促进这部分劳动者实现更为充分、有效和体面的就业，是经济发展需要长期面对的难题。首先在劳动力市场政策导向上，充分考虑非正规就业者的生存环境，加强对非正规就业的引导和扶持，保障非正规就业的生存空间；其次深化户籍、公共服务等制度改革，减少性别、学历等歧视，减少非市场因素导致的劳动力市场扭曲；最后在具体政策实施上，考虑非正规就业的异质性特征，注重非正规就业扶持政策的差异性，一方面提高最低工资标准，提升具有“生存特征”的非正规受雇者的待遇水平，拓宽非正规受雇者接受教育、职业培训等的渠道，提高非正规受雇者人力资本水平；另一方面加强对以非正规自雇者为主体的小微企业的扶持力度，比如增加对小微企业的金融和财税支持等，减少对小微企业过度的行政规制，为其提供良好的发展环境。

第四，优化农业部门要素配置效率。与东亚已经跨越刘易斯转折的经济体相比，农业部门劳动边际生产率和平均产出水平都偏低，这是中国跨越刘易斯第二转折点时面临的主要问题，同时也反映出我国在农业生产要素配置效率提升方面具有巨大潜力。首先建立与产业升级相配套的农村劳动力技能培训体系，包括加强农村青少年劳动力中等职业教育、发展壮年农村劳动力技能培训、合理安排返乡农民工再培训等；其次增加新型职业农民培训，完善职业农民教育培训、认定管理和政策扶持体系，提高农民农业生产经营能力；再次发挥市场基础性资源配置作用，完善土地流转制度，增强农业规模化经营水平；此外，还应提升农业技术水平和其他农业生产要素的投入，提高农业劳动生产率；最后加强农村地区交通电信、数字网络、物流等基础设施建设，通过信息化、现代化提升农村劳动力转移意愿和能力。

第五，推动农民工“市民化”。虽然农业劳动力的跨区域转移潜力在不断下降，但是对于已经实现跨区域转移的农村剩余劳动力也并未实现真正的“市民化”，这也是影响农业劳动力转移潜力的重要因素。因此，改变农民工“潮汐式”的转移方式，使其更易于在城市定居，是深入挖掘劳动供给潜力的重要途径。首先继续深入户籍制度改革，破除以户籍为核心的跨区域就业、教育和医疗等公共服务壁垒，消除农民工大中城市落户的制度障碍；其次提升流动人口的服务意识和水平，打破“管理”思维，提高流动人口的城市融入感和生活质量；最后率先将已经实现在城镇地区“就近就业”的乡村劳动力纳入城镇劳动就业、教育和养老等基本公共服务体系，促进城乡公共服务一体化进程。

第六，消除跨区域流动的制度障碍。随着户籍制度改革的推进，非熟练劳动力跨区域流动的障碍正在减弱。但是由于户籍歧视导致的一系列制度壁垒，依然对非熟练劳动力跨区域流动形成了阻碍。这不仅不利于提升劳动力资源配置效率，而且对于构建全国统一的劳动力大市场产生不利影响。对此，笔者提出：首先消除跨区域农村劳动力户籍歧视和隐性就业壁垒，推动劳动力跨区域转移和就业；其次建立劳动力短缺地区和劳动力相对过剩地区的协作关系，提供信息服务，推动中西部落后地区农村劳动力进一步转移；最后培育跨省和跨区域农业劳动力市场服务体系，比如为中西部地区劳动力在农忙时节从事跨区域农业生产活动提供保障等。

10.2 中国经济刘易斯转折的启示

对于中国经济刘易斯转折的判断，不仅对于指导中国经济发展具有重要的理论意义和政策含义，而且为丰富和完善二元经济理论框架提供了重要启示。

第一，刘易斯转折的判断需要综合使用多种标准。一方面，从理论模型出发，基于农业部门生产函数估算的农业劳动力边际生产率与农业部门工资的比较，是判断刘易斯转折点最基本的方法。但是由于我国农业部门投入产出数据资料的限制，以及出现了局部地区“民工荒”和农村剩余劳动力并存的“悖论”，这一方法并没有成为我国经济刘易斯转折判断的主流方法。学者们大多从农村剩余劳动力的估算、非熟练劳动力工资的上涨、劳动力市场供求和收入分配的改善等角度对中国经济刘易斯转折进行判断。另一方面，中国刘易斯转折判断的经验，进一步证明工资上涨或加速上涨不能单独作为刘易斯转折的判断标准。在对日本刘易斯转折进行判断时，费景汉和拉尼斯曾依据工业工人实际工资加速上涨等证据，判断日本于1916～1919年通过了刘易斯转折点（1964）。而南亮进综合利用农业部门劳动边际生产率、劳动力工资上涨、劳动力市场供求等多种标准，判断日本于1960年前后经过刘易斯转折点。因此，在进行刘易斯转折判断时，不能拘泥于某一方法或某一标准，而应结合不同方法进行综合判断。

第二，刘易斯转折的判断要结合本国国情，而不能照搬其他经济体的经验。从中国的经验来看，其一，中国与日本、韩国等东亚经济体刘易斯判断使用的理论模型不同。笔者通过分析发现，日本、韩国等东亚经济体刘易斯转折判断时对应的模型是费景汉和拉尼斯提出的“两个转折点重合的情形”，而中国刘易斯转折点判断时对应的是两个刘易斯转折点的模型。其二，中国的大国经济特征导致其个体异质性和区域异质性特征更加明显。东部发达地区比中西部地区更早出现“民工荒”现象，并且更早通过刘易斯第一转折点。其三，中国二元经济转型伴随着计划经济向市场经济的转型，同时由于土地政策和户籍政策的限制，使得农业部门劳动生产率提升速度相对较慢，劳动力市场的非正规就业和非充分就业现象也更加严重。

第三，经济到达刘易斯转折点初期，可能会出现很多不同乃至相互冲突的证据。2008～2014年，围绕中国经济通过刘易斯第一转折点的时间，学者们进行了激烈的争论。但是随着时间的推移，全国范围内的非熟练劳动力短缺和工资的普遍上涨，意味着中国经济确实已经通过了刘易斯第一转折区间。中国经济刘易斯转折的判断经验表明，在经济到达刘易斯转折点初期，会出现很多不同乃至相互冲突的证据。但是随着时间的推移，发现2004年确实是劳动力市场供求结构开始发生质变的重要时间节点。这提醒我们，当将某一理论用于指导实践时，需要“大胆假设、小心求证”。既要从微小的证据发现事物的本质，也要结合其他证据为理论假说提供有力的证据，从而更有效地指导实践。

第四，对于中国经济刘易斯转折的判断，重要的似乎是刘易斯第一转折点。费景汉和拉尼斯（1992）曾指出，对于一个经济体而言，重要的是第二个转折点，因为这个转折点是经济由二元经济向一元经济转型成功的标志。但是从中国刘易斯转折判断的研究来看，重要的似乎是刘易斯第一转折点。这一方面是由于2004年中国经济到达刘易斯第一转折区间的时期，出现了非熟练劳动力工资上涨和农村剩余劳动力并存的“悖论”，从而引起了学者的广泛争论。另一方面则是由于2014年以来，随着农村剩余劳动力的枯竭，劳动力成本上升、劳动密集型制造业外移、经济增速下滑等问题的出现，预示着中国经济在通过刘易斯第一转折区间后面临着更多的结构性问题。但是由于二元经济模型并没有对两个转折点之间的经济变化状况进行描述，因此，二元经济模型对于中国现阶段经济发展的指导作用似乎在减弱。

第五，刘易斯转折对于发展中经济体来说，既是机遇也是挑战。一方面，刘易斯转折意味着要素相对价格的变化有利于劳动节约型技术的创新和应用，促进产业结构转型升级。这意味着收入分配状况的改善，中低收入群体的收入水平将会快速提升，使得劳动收入在国民收入分配中的比重增加，有利于促进国内消费，使劳动力市场和产品市场供求结构更加均衡。另一方面，也要警惕陷入“中等收入陷阱”。非熟练劳动力工资水平的上涨意味着与其他低收入国家相比，劳动成本的比较优势将会缩小。如果不能实现经济发展方式和增长动能的转换，就将会在国际经济体系中处于不利地位，从而影响经济的长期可持续发展。

10.3 研究展望

本书基于刘易斯 - 费景汉 - 拉尼斯模型，综合运用多种方法对中国经济刘易斯转折进行判断。但是由于现实经济的复杂性和作者研究水平有限，本书的研究存在诸多不足和可拓展之处。

第一，两个转折点之间的理论研究。二元经济理论模型对通过刘易斯第一转折和刘易斯第二转折时的经济特征进行了细致的描述，但是对于两个转折点之间的经济变化并未作出更多分析。我国正处于向刘易斯第二转折点迈进的时期，如何在经济增长速度放缓和经济增长动能转换的新时代，应用二元经济理论，为推动经济高质量充分发展提供理论支撑，是需要研究的理论和现实问题。

第二，非熟练劳动力工资增长问题研究。通过刘易斯第一转折点之后，非熟练劳动力工资的上涨使得资本回报率下降，造成劳动密集型产业的外流和经济增速的放缓，是东亚经济体二元经济转型的一般经验。由于快速的经济增长和人口结构转变，我国似乎更快地经历了这一过程。如何在经济增速放缓的情况下，促进非熟练劳动力实际工资水平可持续增长是值得关注的重要问题。

第三，农业部门劳动生产率提升问题研究。农业部门劳动边际生产率和平均生产率偏低，是中国经济当前跨越刘易斯第二转折点时面临的重要问题之一。2015 年以来，由于农产品价格的波动和小农户土地经营面积较小，农业部门劳动边际生产率和劳动力净收益增速出现下降趋势。同时，家庭承包地流转比例在 2016 年之后也出现增速放缓趋势。在当前农业劳动力供求紧张和老龄化加剧的情况下，如何推动农业劳动边际生产率和从事农业生产的比较收益的提升，是促进农民增收和共同富裕需要解决的难题。

第四，数字经济发展对二元经济转型的影响研究。与日本、韩国和我国台湾地区等经济体不同，我国通过刘易斯第一转折区间的时间正好是在第四次工业革命时代。数字经济的快速发展和数字技术的应用，对产业结构调整和就业市场结构产生了重要影响。一方面，数字经济的发展推动了经济由工业化向服务化的转型，平台经济、网红经济的兴起推动了非熟练劳动力向服务业的转移。而这可能会加快非熟练劳动力工资的上涨速度，从而降低工业部门资本的回报率，加快劳动密集型制造业外移。另一方面，人工智能的发展提高了机器替代劳动的速度，其中大部分劳动力是非熟练或低技能劳动力。这一现象对于非熟练劳动力工资上涨和收入分配的影响也需要进一步深入研究。

参 考 文 献

[1] 阿瑟·刘易斯．二元经济论［M］．北京：北京经济学院出版社，1989.

[2] 白雪洁，宋培，逯海勇，等．跨越增长阵痛期：中国经济结构向高质量服务化转型［J］．经济评论，2023（4）.

[3] 蔡昉．破解农村剩余劳动力之谜［J］．中国人口科学，2007（2）.

[4] 蔡昉．刘易斯转折——中国经济发展新阶段［M］．北京：社会科学文献出版社，2008.

[5] 蔡昉．人口转变、人口红利与刘易斯转折点［J］．经济研究，2010（4）.

[6] 蔡昉．中国人口与劳动问题报告 NO. 12——“十二五”时期挑战人口，就业和收入分配［M］．北京：社会科学文献出版社，2011.

[7] 蔡昉．从总量性矛盾到结构性矛盾——解读中国劳动力市场［J］．中国经济学人，2016（1）.

[8] 蔡昉．中国经济改革效应分析——劳动力重新配置的视角［J］．经济研究，2017（12）.

[9] 蔡昉．农业劳动力转移潜力耗尽了吗？［J］．中国农村经济，2018（9）.

[10] 蔡昉．生产率、新动能与制造业——中国经济如何提高资源重新配置效率［J］．中国工业经济，2021（5）.

[11] 蔡昉，王美艳．农村劳动力剩余及其相关事实的重新考察——一个反设事实法的应用［J］．中国农村经济，2007（5）.

[12] 蔡昉，王美艳．从穷人经济到规模经济——发展阶段变化对中国农业提出的挑战［J］．经济研究，2016（5）.

[13] 蔡昉，杨涛，黄益平．中国是否跨越了刘易斯转折点［M］．北京：社会科学文献出版社，2010.

[14] 蔡昉，张车伟．劳动经济学［M］．北京：中国社会科学出版社，

2015.

[15] 曹宗平. 农村剩余劳动力转移的成本分析及路径选择 [J]. 山东社会科学, 2009 (4).

[16] 常进雄, 王丹枫. 我国城镇正规就业与非正规就业的工资差异 [J]. 数量经济技术经济研究, 2010 (9).

[17] 翟振武, 杨凡. 民工荒是刘易斯拐点还是伊斯特林人口波谷 [J]. 经济理论与经济管理, 2011 (8).

[18] 丁守海. 劳动剩余条件下的供给不足与工资上涨——基于家庭分工的视角 [J]. 中国社会科学, 2011 (5).

[19] 丁守海, 夏璋煦, 徐政. 平台就业能改善就业质量吗——基于专项调查的分析 [J]. 中共中央党校 (国家行政学院) 学报, 2022 (6).

[20] 都阳, 贾朋. 劳动供给与经济增长 [J]. 劳动经济研究, 2018 (3).

[21] 都阳, 王美艳. 农村剩余劳动力的新估计及其含义 [J]. 广州大学学报 (社会科学版), 2010 (4).

[22] 费景汉, 古斯塔夫·拉尼斯. 劳动剩余经济的发展——理论与政策 [M]. 北京: 经济科学出版社, 1992.

[23] 高铁梅, 范晓非. 中国劳动力市场的结构转型与供求拐点 [J]. 财经问题研究, 2011 (1).

[24] 耿元, 林玳玳. 中国的刘易斯转折点来到了吗——质疑2007年人口与劳动问题报告 [J]. 经济问题探索, 2008 (9).

[25] 郭金兴, 王庆芳. 2002~2010年中国农村剩余劳动结构的估算 [J]. 经济理论与经济管理, 2014 (4).

[26] 郭金兴. 剩余劳动的理论发展、估算方法与中国经验 [J]. 中国农村观察, 2008 (5).

[27] 郭熙保, 黄灿. 刘易斯模型劳动力异质性与我国农村劳动力选择性转移 [J]. 河南社会科学, 2010 (2).

[28] 胡鞍钢, 赵黎. 我国转型期城镇非正规就业与非正规经济 (1990—2004) [J]. 清华大学学报 (哲学社会科学版), 2006 (3).

[29] 胡景北. 工资增长的发展经济学导论 [M]. 上海: 上海财经大学出版社, 1997.

[30] 胡景北. 刘易斯经济发展理论成就、问题和发展前景 [J]. 社会科学, 2015 (12).

［31］黄玛兰，李晓云，游良志．农业机械与农业劳动力投入对粮食产出的影响及其替代弹性［J］．华中农业大学学报（社会科学版），2018（2）．

［32］黄维，邓祥征，何书金，林英志．中国气候变化对县域粮食产量影响的计量经济分析［J］．地理科学进展，2010（6）．

［33］黄宗智，高原，彭玉生．没有无产化的资本化：中国的农业发展［J］．开放时代，2012（3）．

［34］黄宗智．华北的小农与社会变迁［M］．北京：中华书局，2000．

［35］加雷斯·詹姆斯，丹妮拉·威滕，特雷弗·哈斯帖，等．统计学习导论：基于 R 应用（王星等译）［M］．北京：机械工业出版社，2020．

［36］贾先文，黄正泉，黄蔡芬．论我国农村剩余劳动力转移的“拐点”［J］．改革与战略，2010（1）．

［37］金昌男．韩国劳动力市场的结构变化和转折点．引自南亮进、牧野文夫、郝仁平著．中国经济的转折点：与东亚的比较［M］．北京：社会科学文献出版社，2014．

［38］孔祥智．我国农业劳动力数量和劳动生产率估算［J］．改革，2019（5）．

［39］黎煦．刘易斯转折点与劳动力保护［J］．首都经济贸易大学学报，2007（4）．

［40］李稻葵，刘霖林，王红领．GDP 中劳动份额演变的 U 型规律［J］．经济研究，2009（1）．

［41］李实，等．中国收入不平等发展转型和政策［J］．北京工商大学学报（社会科学版），2020（4）．

［42］李月．刘易斯转折点的跨越与挑战——对台湾 20 世纪 60～70 年代经济政策的分析及借鉴［J］．财经问题研究，2008（9）．

［43］李月．台湾经济发展中刘易斯转折点的形成及其应对策略［J］．台湾研究集刊，2009（1）．

［44］李月，邓露．台湾跨越中等收入陷阱的实证研究与经验借鉴［J］．台湾研究，2014（5）．

［45］刘怀宇，马中．“刘易斯转折点”假象及其对“人口红利”释放的冲击［J］．人口研究，2011（4）．

［46］刘建进．一个农户劳动力模型及有关农业剩余劳动力的实证研究［J］．中国农村经济，1997（6）．

［47］刘守英，章元．刘易斯转折点的区域测度与战略选择：国家统计局

7 万户抽样农户证据［J］. 改革，2014（5）.

［48］卢锋．中国农民工工资走势：1979～2010［J］. 中国社会科学，2012（7）.

［49］罗楚亮，李实，岳希明．中国居民收入差距变动分析（2013～2018）［J］. 中国社会科学，2021（1）.

［50］吕秉梅，陈友锦．中国农村经济发展进程与对策［J］. 财贸研究，1996（5）.

［51］闵师，项诚，赵启然，等．中国主要农产品生产的机械劳动力替代弹性分析——基于不同弹性估计方法的比较研究［J］. 农业技术经济，2018（4）.

［52］南亮进．日本的转折点：劳动力市场的根本性变化及其含义．引自南亮进，牧野文夫，郝仁平著．中国经济的转折点与东亚的比较［M］. 北京：社会科学文献出版社，2014.

［53］南亮进，马欣欣．中国劳动力市场的变化和刘易斯转折点．引自南亮进，牧野文夫，郝仁平著．中国经济的转折点与东亚的比较［M］. 北京：社会科学文献出版社，2014.

［54］南亮进．经济发展的转折点：日本经验［M］. 北京：社会科学文献出版社，2008.

［55］恰亚诺夫．农民经济组织［M］. 北京：中央编译出版社，1996.

［56］卿涛，杨仕元，岳龙华．“Minami 准则”下的刘易斯转折点研究［J］. 中国人口科学，2011（2）.

［57］盛来运．流动还是迁移——中国农村劳动力流动过程的经济学分析［M］. 上海：远东出版社，2008.

［58］宋菲菲，宋亚平．中国农业比较效益为什么差？——对当下四种流行说法的匡正［J］. 江汉论坛，2020（3）.

［59］速水佑次郎，弗农·拉坦．农业发展的国际分析：修订扩充版［M］. 北京：中国社会科学出版社，2000.

［60］孙自铎．中国进入“刘易斯拐点”了吗——兼论经济增长人口红利说［J］. 经济学家，2008（1）.

［61］田岛俊雄．刘易斯转折点前后的经济与社会——兼评王诚和蔡昉等的观点［J］. 天则双周论坛，2008.

［62］汪进，钟笑寒．中国的刘易斯转折点是否到来——理论辨析与国际经验［J］. 中国社会科学，2011（5）.

［63］王必达，张忠杰．中国刘易斯拐点及阶段研究——基于 31 个省际面

板数据［J］. 经济学家，2014（7）.

［64］王诚．劳动力供求“拐点”与中国二元经济转型［J］. 中国人口科学，2005（6）.

［65］王红玲．关于农业剩余劳动力数量的估计方法与实证分析［J］. 经济研究，1998（4）.

［66］王检贵，丁守海．中国究竟还有多少农业剩余劳动力［J］. 中国社会科学，2005（4）.

［67］王美艳．农民工还能返回农业吗？——来自全国农产品成本收益调查数据的分析［J］. 中国农村观察，2011（1）.

［68］魏下海，余玲铮．我国城镇正规就业与非正规就业工资差异的实证研究——基于分位数回归与分解的发现［J］. 数量经济技术经济研究，2012（1）.

［69］伍山林．刘易斯模型适用性考察［J］. 财经研究，2008（8）.

［70］吴垠．人口结构变化、城镇化刘易斯转折与区域人口流动趋势——从整体到分区的统计分析［J］. 政治经济学评论，2020（5）.

［71］吴要武．非正规就业者的未来［J］. 经济研究，2009（7）.

［72］西奥多·W. 舒尔茨．改造传统农业［M］. 北京：商务印书馆，1987.

［73］夏庆杰，李实，宋丽娜，等．国有单位工资结构及其就业规模变化的收入分配效应：1988～2007［J］. 经济研究，2007（6）.

［74］夏怡然，陆铭．城市间的“孟母三迁”——公共服务影响劳动力流向的经验研究［J］. 管理世界，2015（10）.

［75］肖卫，向国成，朱有志．刘易斯转折点与库兹涅茨假说下的劳动力分流研究［J］. 中国人口科学，2011（1）.

［76］邢春冰．经济转型与不同所有制部门的工资决定——从“下海”到“下岗”［J］. 管理世界，2007（6）.

［77］徐蔼婷．城市化进程中的非正规部门形成与动态演化［M］. 北京：经济科学出版社，2019.

［78］许庆，刘守英，高汉．农村剩余劳动力尚未消耗完毕——来自省、县和农户数据的证据［J］. 中国人口科学，2013（2）.

［79］杨仕元，卿涛，岳龙华．从刘易斯到索洛中国劳动力市场转折的典型化事实［J］. 经济体制改革，2018（3）.

［80］姚洋．发展经济学（第二版）［M］. 北京：北京大学出版社，2018.

[81] 余向华，陈雪娟．中国劳动力市场的户籍分割效应及其变迁——工资差异与机会差异双重视角下的实证研究［J］．经济研究，2012（12）．

[82] 余小琴，马梦挺．马克思主义政治经济学视角下的农民工工资增长问题：理论与经验［J］．政治经济学评论，2021（6）．

[83] 袁志刚．关于中国“刘易斯拐点”的三个疑问［J］．当代经济，2010（19）．

[84] 约翰·奈特，邓曲恒，李实，等．中国的民工荒与农村剩余劳动力［J］．管理世界，2011（11）．

[85] 岳龙华，杨仕元．刘易斯转折点与劳动力再配置效应中国经验［M］．北京：经济科学出版社，2016．

[86] 岳希明．我国现行劳动统计的问题［J］．经济研究，2005（3）．

[87] 张景娜，朱俊丰．互联网使用与农村劳动力转移程度——兼论对家庭分工模式的影响［J］．财经科学，2020（1）．

[88] 张丽宾．“刘易斯拐点”尚未到来——对我国现阶段就业形势的认识问题（中）［J］．中国发展观察，2011（2）．

[89] 张涛．政策干预和中国农业的增长：1988～2013年［J］．南开经济研究，2018（5）．

[90] 张五常，易宪容．佃农理论应用于亚洲的农业和台湾的土地改革［M］．北京：商务印书馆，2000．

[91] 张晓波，杨进，王生林．中国经济到了刘易斯转折点了吗？——来自贫困地区的证据［J］．浙江大学学报（人文社会科学版），2010（1）．

[92] 章铮．劳动生产率的年龄差异与刘易斯转折点［J］．中国农村经济，2011（8）．

[93] 赵剑治，陆铭．关系对农村收入差距的贡献及其地区差异——一项基于回归的分解分析［J］．经济学（季刊），2010（1）．

[94] 赵卫军，焦斌龙，韩媛媛．1984～2050年中国农业剩余劳动力存量估算和预测［J］．人口研究，2018（2）．

[95] 赵显洲．关于“刘易斯转折点”的几个理论问题［J］．经济学家，2010（5）．

[96] 郑旭媛，应瑞瑶．农业机械对劳动的替代弹性及区域异质性分析——基于地形条件约束视角［J］．中南财经政法大学学报，2017（5）．

[97] 周健，张桂文．刘易斯第一转折点是“短缺点”吗？——基于国际经验和中国的现实考察［J］．当代经济研究，2020（3）．

[98] 朱晶，李天祥，李琳．迁移成本，工资上升与刘易斯转折点——一个对“刘易斯转折点”分析框架的再讨论［J］．农业经济问题，2011（9）．

[99] Badaoui E, Strobl E, Walsh F. Is there an Informal Employment Wage Penalty? Evidence from South Africa [J]. Economic Development and Cultural Change, 2008, 56 (3): 683 – 710.

[100] Bai Moo – Ki. The Turning Point in the Korean Economy [J]. The Developing Economies, 1982, 20 (2): 117 – 140.

[101] Bargain O, Kwenda P. Earnings Structures Informal Employment and Self – Employment: New Evidence from Brazil Mexico and South Africa [J]. Review of Income and Wealth, 2011, 57 (S1): S100 – S122.

[102] Bauer P T. Review: Lewis' Theory of Economic Growth [J]. The American Economic Review, 1956, 46 (4): 632 – 641.

[103] Becker K F. The Informal Economy: Fact Finding Study [J]. Sida, 2004.

[104] Berndt E R, Christensen L R. The Translog Function and the Substitution of Equipment Structures and Labor in U. S. Manufacturing [J]. Journal of Econometrics, 1973, 1 (1): 81 – 113.

[105] Christensen L R, Jorgenson D W, Lau L J. Conjugate Duality and the Transcendental Logarithmic Production Function [J]. Econometrica, 1971 (39): 255 – 256.

[106] Clifford Geertz. Agricultural Involution the Processes of Ecological Change in Indonesia [M]. Berkeley and Los Angeles California: University of California Press, 1963.

[107] De Soto H. Constraints on People: The Origins of Underground Economies and Limits to Their Growth [J]. Beyond the Informal Sector Including the excluded in Developing Countries Institute for Contemporary Studies San Francisco, 1988: 15 – 47.

[108] De Soto H. The Other Path: The Invisible Revolution in the Third World [M]. New York: Harper and Row, 1989.

[109] De Soto H. The Mystery of Capital Why Capitalism Triumphs in the West and Fails Everywhere Else [M]. New York: Basic Book, 2000.

[110] Dimova R, Nordman C J, Roubaud F. Allocation of Labor in Urban West Africa: Insights from the Pattern of Labor Supply and Skill Premiums [J]. Re-

view of Development Economics, 2010, 14 (1): 74 - 92.

[111] Eckaus R S. The Factor Proportions Problem in Underdeveloped Areas [J]. The American Economic Review, 1955, 45 (4): 539 - 565.

[112] Fei J, Ranis G. Development of the Labor Surplus Economy: Theory and Policy [M]. Richard D. Irwin Inc. 1964.

[113] Fields G S. Rural - Urban Migration Urban Unemployment and Underemployment and Job - Search Activity in Ldcs [J]. Journal of Development Economics, 1975, 2 (2): 165 - 187.

[114] Florez C E. The Function of the Urban Informal Sector in Employment: Evidence from Colombia 1984 ~ 2000 [J]. Documentos Code, 2002 (4): 1 - 61.

[115] Freund Y, Schapire R E. A Decision - Theoretic Generalization of On - Line Learning and an Application to Boosting [J]. Journal of Computer and System Sciences, 1997, 55 (1): 119 - 139.

[116] Garnaut R. Macro - Economic Implications of the Turning Point [J]. China Economic Journal, 2010, 3 (2): 181 - 190.

[117] Ge S, Yang D T. Labor Market Developments in China: A Neoclassical View [J]. China Economic Review, 2011, 22 (4): 611 - 625.

[118] Gilbert J A, Ones D S. Role of Informal Integration in Career Advancement: Investigations in Plural and Multicultural Organizations and Implications for Diversity Valuation [J]. Sex Roles, 1998, 39 (9 - 10): 685 - 704.

[119] Golley J, Meng X. Has China Runs Out of Surplus Labor [J]. China Economic Review, 2011, 22 (4): 555 - 572.

[120] Gollin D, Lagakos D, Waugh M E. The Agricultural Productivity Gap [J]. Quarterly Journal of Economics, 2014, 129 (2): 939 - 993.

[121] Gong X, Van Soest A. Wage Differentials and Mobility in the Urban Labour Market: A Panel Data Analysis for Mexico [J]. Labour Economics, 2002, 9 (4): 513 - 529.

[122] Günther I, Launov A. Informal Employment in Developing Countries: Opportunity or Last Resort? [J]. Journal of Development Economics, 2012, 97 (1): 88 - 98.

[123] ILO. The Dilemma of the Informal Sector: Report of the Director General [R]. ILO: Geneva, 1991.

[124] Jorgenson D W. The Development of a Dual Economy [J]. The Eco-

nomic Journal, 1961, 71 (282): 309 -334.

[125] Jorgenson W E. Surplus Agricultural Labour and the Development of a Dual Economy [J]. Oxford Economic Papers, 1967, 19 (3): 288 -312.

[126] Knight J, Deng Q, Li S. The Puzzle of Migrant Labor Shortage and Rural Labor Surplus in China [J]. China Economic Review, 2011, 22 (4): 585 - 600.

[127] Kwan F, Wu Y, Zhuo S. Surplus Agricultural Labour and China's Lewis Turning Point [J]. China Economic Review, 2018, 48 (4): 244 -257.

[128] Lehmann H, Zaiceva A. Informal Employment in Russia: Definitions Incidence Determinants and Labor Market Segmentation [J]. Center for Economic Research, 2014, 27 (3): 697 -711.

[129] Leibenstein H. The Theory of Underemployment in Backward Economies [J]. The Journal of Political Economy, 1957, 65 (2): 91 -103.

[130] Lennox C S, Francis J R, Wang Z. Selection Models in Accounting Research [J]. Accounting Review, 2011, 87 (2): 589 -616.

[131] Lewis W A. Development with Unlimited Supplies of Labor [J]. The Manchester School, 1954, 22 (2): 139 -191.

[132] Lewis W A. Reflections on Unlimited Labour [J]. Woodrow Wilson School of Public and International Affairs, 1968, 12 (5): 1 -48.

[133] Lewis W A. Reflections on Unlimited Labour [J]. International Economics and Development, 1972: 75 -96.

[134] Lewis W A. The Dual Economy Revisited [J]. The Manchester School, 1979, 47 (3): 211 -229.

[135] Mathur A. The Anatomy of Disguised Unemployment [J]. Oxford Economic Papers, 1964, 16 (2): 161 -193.

[136] Minami R. The Turning Point in the Japanese Economy [J]. The Quarterly Journal of Economics, 1968, 83 (3): 380 -402.

[137] Minami R. Transformations of the Labor Market in Postwar Japan [J]. Hitotsubashi Journal of Economics, 1972, 13 (1): 57 -72.

[138] Minami R, Ma X X. The Turning Point of Chinese Economy: Compared with Japanese Experience [J]. China Economic Journal, 2010, 3 (2): 163 -179.

[139] Pagan J A, Tijerina - Guajardo J A. Increasing Wage Dispersion and the Changes in Relative Employment and Wages in Mexico's Urban Informal Sector:

1987 ~ 1993 [J]. Applied Economics, 2000, 32 (3): 335 - 347.

[140] Portes A, Schauffler R. Competing Perspectives on the Latin American Informal Sector [J]. Population and Development Review, 1993, 19 (1): 33 - 60.

[141] Post J R, Evans D O. Size-Dependent Overwinter Mortality of Young-of-the - Year Yellow Perch (Perca Flavescens): Laboratory in Situ Enclosure and Field Experiments [J]. Canadian Journal of Fisheries and Aquatic Sciences, 1989, 46 (11): 1958 - 1968.

[142] Pratap S, Quintin E. The Informal Sector in Developing Countries: Output Assets and Employment [M]. Research Paper Unu - Wider United Nations University (Unu), 2006.

[143] Radchenko N. Heterogeneity in Informal Salaried Employment: Evidence from the Egyptian Labor Market Survey [J]. World Development, 2014, 62 (11): 169 - 188.

[144] Ranis G, John C, Fei H. A Theory of Economic Development [J]. The American Economic Review, 1961, 51 (4): 533 - 565.

[145] Ranis G. The Micro - Economics of 'Surplus Labor' [J]. Center Discussion Paper. Economic Growth Center of Yale University, 1997, 772.

[146] Ranis G. Labor Surplus Economies. Economic Growth Center of Yale University [J]. Center Discussion Paper, 2004, 900.

[147] Rosenbaum P R, Rubin D B. The Central Role of the Propensity Score in Observational Studies for Causal Effects [J]. Biometrika, 1983, 70 (1): 41 - 55.

[148] Rosenzweig M R. Neoclassical Theory and the Optimizing Peasant: An Econometric Analysis of Market Family Labor Supply in a Developing Country [J]. The Quarterly Journal of Economics, 1980, 94 (1): 31 - 55.

[149] Schultz T W. Economic Growth and Agriculture [J]. American Journal of Agricultural Economics, 1968, 51 (3): 717 - 719.

[150] Sen A K. Peasants and Dualism with or without Surplus Labor [J]. The Journal of Political Economy, 1966, 74 (5): 425 - 450.

[151] Sen A K. Surplus Labour in India: A Critique of Schultz's Statistical Test [J]. The Economic Journal, 1967, 77 (305): 154 - 161.

[152] Takagi Y. Surplus Labour and Disguised Unemployment [J]. Oxford

Economic Papers，1978，30（3）：447－457.

［153］ Taylor J R. Rural Employment Trends and the Legacy of Surplus Labour 1978～86［J］. The China Quarterly，1988，116（12）：736－766.

［154］ Todaro M P. A Model of Labor Migration and Urban Unemployment in Less Developed Countries［J］. The American Economic Review，1969，59（1）：138－148.

［155］ Tokman V E. Economic Development and Labor Markets Segmentation in the Latin American Periphery［J］. Journal of Inter－American Studies and World Affairs，1989，31（1/2）：23－47.

［156］ Viner J. Some Reflections on the Concept of Disguised Unemployment［J］. Indian Journal of Economics，1957，38（2）：17－23.

［157］ Wang M Y. The Rise of Labor Cost and the Fall of Labor Input：Has China Reached Lewis Turning Point?［J］. China Economic Journal，2010，3（2）：137－153.

［158］ Yang W Z，Kwan F. Revisit China's Lewis Turning Point：An Analysis from a Regional Perspective［J］. Asian Economic Journal，2018，32（4）：333－357.

［159］ Yao Y，Zhang K. Has China Passed the Lewis Turning Point? A Structural Estimation based on Provincial Data［J］. China Economical Journal，2010，1（3）：155－162.